L'Egalite de la Femme

La capacité d'une femme est un don de Dieu.

Jean Robert Revolus

Jean Robert Revolus

Contents

L'Égalité de la Femme

La meilleure façon d'appréhender la "Capacité d'une Femme," c'est de comprendre la réalité indéniable qu'il s'agit d'un don de Dieu.

Volume 1

Dédicace

Souhaitez reconnaître le rôle de mon Grand **Dieu, Le Seul Saint**, qui m'a inspiré une abondance des informations précieuses pour transmettre ce roman. Il est devenu de plus en plus évident que la société d'aujourd'hui comprend la valeur des femmes dans la société de maintenant et celle de l'avenir. Ces personnes se consacrent à créer des conditions pour que les femmes soient traitées sur un pied d'égalité avec les hommes dans notre société. Ce livre leur est dédié.

Un remerciement spécial à Evens Paul, Ebby Chery, Max Pierre et sa femme pour m'avoir encouragé dans le développement de ce roman. J'ai le plaisir de remercier le Psychologue Denet Alexandre, Dr Daniel Allonce, Frantz Celestin, Jhonny Jean et sa femme Junie G. Jean, Kist Castor, Osner Dorvil, Ebby Chery, Paul Joseph Millien, Jean Lamare Beauvais, Christophe Beauvais, Yolaine Prophete Jean, Marie Florence Aupont, et tous mes amis qui ont cru et compris la valeur de mon travail d'écrivain à l'esprit curieux. De plus, « *L'Egalite de la Femme* » est dédié à toutes celles que je chéris. Certains des noms les plus connus dans le domaine sont Ma Mère : Isemelia Jean-Charles, ma femme, mes enfants et mon beau fils Rochard Arsher Revolus que je reverrai un jour, qu'après avoir passé seulement huit mois avec la famille. Et je tiens également à remercier tous mes frères, sœurs, et tous les autres membres de la famille, y compris ceux qui envisagent de me soutenir en achetant ce livre.

Remerciements

LE DÉVELOPPEMENT DE CE livre n'aurait pas été possible sans l'aide de tous ceux qui ont contribué leurs connaissances pour rendre ce livre possible. Mes sincères remerciements s'adressent à tous les lecteurs qui ont pris le temps de lire ce livre, et je suis reconnaissant pour le temps que vous y avez investi. Vous avez décrit les avantages qui découlent de l'égalité des sexes, ainsi que la façon dont elle peut avoir un impact positif sur tout ce qui nous entoure.

A propos de l'Auteur

JEAN ROBERT REVOLUS DOIT être admiré pour ses réalisations remarquables qui sont tout simplement extraordinaires. En tant que chrétien fervent, mari dévoué et père dévoué et enthousiaste de quatre enfants, il dit que Dieu est au centre de sa vie. Jean Robert Revolus a obtenu un diplôme en commerce avec une spécialisation en technologie de l'information à l'Université technique du Colorado.

En plus de sa grande variété d'expériences, Jean Robert est une personne complète. Il mélange habilement bon sens et logique pour naviguer dans les domaines de la science, de la religion, de la philosophie et de la psychanalyse. Tout au long de sa carrière, Jean Robert s'est efforcé de s'imposer comme un auteur crédible et un chercheur distingué.

Individu polyvalent et entreprenant, Jean Robert Revolus a fondé REVOLUS, LLC, une entreprise spécialisée dans le marketing des médias sociaux avec traduction automatique des langues pour faciliter la communication mondiale. Il est le chef de projet principal de l'entreprise. Il s'efforce de faire tout cela tout en poursuivant avec passion sa carrière d'écrivain professionnel, un travail qu'il entreprend avec enthousiasme et persévérance. On pourrait supposer que Jean Robert n'a pas beaucoup de temps à consacrer à d'autres activités que son travail. En réalité, rien ne pourrait être plus éloigné de la vérité. Ses hobbies sont illimités. Ils comprennent le chant, l'écriture créative et la performance.

Mon humble avis est que Jean Robert Revolus possède des talents impressionnants ; s'il continue dans cette voie, il sera une force avec laquelle il faudra compter à l'avenir. Outre son style d'écriture prolifique, il possède un style unique qui fera de lui une personnalité publique distinguée de son temps. La femme de Caïn n'était ni sa sœur ni son apparentée ; L'égalité de la femme et la légitimité de l'élection présidentielle de 2016 figurent parmi ses écrits publiés.

Préface

LA DÉCISION D'ÉCRIRE CE livre a été motivée par une double contrainte qui m'a poussé dans deux directions. Le processus de travail sur lequel j'ai travaillé pour créer un environnement dans lequel les femmes étaient rançonnées m'a fait réaliser que je devais examiner ce qui n'allait pas avec les femmes dans notre société et ce que nous faisions de mal pour créer ce que tout le monde faisait de bien. Au départ, je souhaitais d'analyser la psychologie des deux sexes à partir d'une interprétation empathique et d'un point de vue psychologique. Cette expérience m'a aidée à mieux comprendre les racines des problèmes auxquels sont confrontées les femmes d'aujourd'hui. De plus, j'ai acquis une meilleure compréhension du rôle que les hommes peuvent jouer dans certaines situations face à ces problèmes en leur apportant soutien et médiation.

Je crois que les hommes et les femmes sont inextricablement liés et à jamais empêtrés dans une lutte, et aucun ne peut survivre seul sans l'autre. Au cours des premiers établissements humains, le but de ce livre était d'examiner le rôle joué par les femmes dans l'histoire des premiers établissements humains. Il s'agissait d'expliquer comment elles étaient dépeintes à cette époque et d'explorer comment elles étaient privées du droit à l'égalité des droits. C'est pourquoi j'ai souligné l'importance des femmes, leur force émotionnelle, leur rôle dans la société et la façon dont elles apportent une contribution précieuse à la société dans son ensemble. Pour ces raisons, j'ai souligné l'importance des femmes dans la société. Les femmes apportent une contribution importante à notre environnement. Si nous refusons de reconnaître cette contribution en nous-mêmes, nous ne pourrons pas assister au progrès que nous exigeons dans notre société au rythme que nous désirons.

Contents

Introduction

QUELLE EST VOTRE OPINION lorsque vous entendez quelqu'un parler du rôle de l'un ou l'autre sexe dans la société ? Quelle est votre position là-dessus ? Ce n'est un secret pour personne que ces dernières années, parler de ces questions est devenu de plus en plus difficile pour nous tous, en particulier les femmes. C'est parce que ces questions sont devenues de plus en plus complexes. L'une des raisons à cela peut être attribuée à la population de féministes relativement petite mais intensément vocale qui fait partie de ce mouvement. Il y a plusieurs facteurs qui l'influencent. Définir la féminité à l'aide d'un cadre qui exclut certains aspects a perpétué une perception erronée de ce qu'est la féminité et comment elle devrait être. On pense généralement qu'il existe un ensemble de principes qu'ils doivent suivre ; sur la base de ce qu'ils pensent être fiable, ce qui signifie qu'il existe une perception largement répandue de la manière dont cela devrait être.

La société d'aujourd'hui se caractérise par une tendance croissante à comparer les individus. Il en est résulté une hiérarchie des hommes et des femmes, ce qui fait que les femmes sont traitées comme inférieures aux hommes. Lorsqu'un rassemblement féministe a lieu, la déclaration importante est faite que les hommes et les femmes devraient avoir des chances égales de réussir dans leurs objectifs de carrière. Il ne fait aucun doute qu'il existe des différences significatives entre les hommes et les femmes, qui peuvent être observées dans certains aspects de leur fonctionnement. Cependant, comment quelque chose d'aussi crucial peut-il être accompli alors que ces différences sont si flagrantes ? Il a également été déclaré que de nombreuses femmes sont capables de faire tout ce que les hommes peuvent faire, ce qui est également largement admis. Même si l'affirmation est partiellement vraie, elle ne fournit pas de preuves substantielles que l'élimination des différences entre les sexes résulterait de la mise en œuvre de l'idéal d'égalitarisme. C'est une idée fausse commune que cela aurait l'effet inverse de ce que croit la majorité. Il devient évident qu'un nombre croissant de nations approchent du stade de l'égalitarisme maximal. C'est là que les disparités entre hommes et femmes ne diminuent pas ; au lieu de cela, ils augmentent. Cela est dû à une augmentation du nombre de pays approchant de l'étape.

Parmi tous les pays du monde, il existe une exception à cette règle, qui est la Scandinavie. La Scandinavie a beaucoup progressé dans la promotion de l'égalité des sexes par rapport à la plupart des pays. Avoir la liberté de faire ce que l'on veut signifier que les hommes choisiront des activités pétrifiées associées aux hommes alors que la population d'un pays a la liberté de choisir. Il semble y avoir une tendance chez de nombreuses femmes à favoriser les choses statufiées qui concernent les femmes. Ainsi, cela conduira à une proportion inexplicablement élevée d'ingénieurs et d'infirmières dans la profession d'ingénieur.

Nous savons intuitivement, théoriquement, philosophiquement et physiquement qu'une femme est très différente d'un homme du point de vue de la théorie, de la philosophie et de la physicaliste. Il est impossible de concilier ces différences car elles ne doivent pas être abordées en premier lieu. Immédiatement après avoir crié des slogans affirmant que les femmes peuvent accomplir tout ce que les hommes peuvent faire. Cela convaincra tout le monde que les hommes et les femmes sont égaux ; vous fixerez un niveau très élevé pour les hommes que vous êtes censé défier.

À la lumière de la déclaration ci-dessus, nous pouvons conclure que les sujets abordés ci-dessus soulignent à quel point il est important pour les femmes de comprendre qu'il n'y a rien de mal à être différentes des hommes, quelle que soit la taille de cette différence pour le monde extérieur. En comparaison, les femmes peuvent accomplir beaucoup de choses qui sont incompatibles avec les hommes. Parce que l'anatomie des femmes est telle qu'elles se contentent de la capacité de produire la vie, leur esprit se préoccupe de nourrir leur famille et de veiller à leur bien-être. Plutôt que d'être traitée de misogyne, je voudrais souligner qu'il n'y a rien de fondamentalement mal à ce qu'une femme se rende au travail. Nous vous remercions de votre contribution. Malgré cela, il faut reconnaître qu'il existe diverses fonctions sociales que les femmes sont les mieux placées pour remplir. Les responsabilités qu'ils assument quotidiennement doivent être honorées en toutes circonstances.

2

Psychologie

L'UN DES MOYENS LES plus efficaces pour les femmes de communiquer entre elles est la psychologie. La compréhension psychologique aidera également les hommes à comprendre les femmes. Comprenons que, c'est que d'être une femme fait partie intégrante de l'être humain, quelle que soit sa perspective.

Revue des recherches en cours

Nous discuterons des différences entre la psychologie masculine et féminine lorsque nous discuterons de la psychologie féminine. Cependant, nous devons être vigilants pour éviter ce que les experts appellent « neuro-sexisme ». Le neuro-sexisme suggère que les femmes sont caractérisées par des personnalités et des caractéristiques différentes en raison de différences dans leur neurologie. Des examens neurologiques modernes ont révélé que ces différences ne sont pas aussi importantes qu'on l'avait précédemment estimé.

On pense que cette hérésie scientifique est née au XIXe siècle lorsque les chercheurs ont découvert que le cerveau féminin moyen pesait cinq onces de plus que le cerveau masculin adulte moyen. Néanmoins, nous savons que la taille du cerveau est fonction du poids et que la taille du cerveau n'a aucun lien avec l'intelligence.

Des preuves récentes suggèrent que les filles et les garçons nouveau-nés ont des cerveaux relativement similaires, de sorte qu'un cerveau câblé dès la naissance n'influence pas de manière significative les différences entre les sexes. Nous voyons souvent des différences entre les hommes et les femmes à l'âge adulte causées principalement par des influences culturelles ou un conditionnement social. Notre discussion examinera certains des concepts clés associés à la psychologie de la femme sur la base de la recherche actuelle.

Une étude publiée par Louann Brizendine dans son livre **The Female Brain** conclut que les différences hormonales développées dans l'utérus contribuent à des structures cérébrales distinctes chez les hommes et les femmes. Il existe des preuves que ces hormones affectent diverses zones du cerveau, y compris le cingulaire antérieur (le décideur et l'inquiétude), le cortex préfrontal (émotions et sentiments) et l'insula (sentiments intestinaux). Dans son livre, Brizendine suggère que ces différences dans le cerveau contribuent aux différences de caractère, de comportement et d'intelligence.

Alors que les critiques de livres et les chercheurs critiquaient profondément ses théories, le livre était toujours populaire et se vendait bien. Il y avait une controverse considérable concernant l'absence de recherche scientifique dans le livre publié dans le New York Times et le Washington Post. Brizendine a répondu : « Les mâles et les femelles sont plus semblables que différents. Après tout, nous sommes la même espèce. »

Un débat a eu lieu, et il aura finalement lieu sur les différences entre les cerveaux féminins et ceux des masculins. Dans la plupart des cas, les scientistes trouvent beaucoup plus de similitudes que de différences après avoir mené des recherches scientifiques.

Types de Personnalité Féminine

Les traits qui composent la personnalité de chaque individu sont les mêmes pour les hommes et les femmes. Les influences qu'ils reçoivent de leurs parents et frères et sœurs commencent dès la petite enfance et persistent tout au long de leur vie. Les enfants sont socialisés pour donner la priorité à différents traits en fonction de leur sexe, il y a donc peu de différences entre les types de personnalité masculins et féminins.

En règle générale, dans les recherches sur la personnalité, les sujets masculins et féminins sont utilisés, et les mêmes inventaires de personnalité sont utilisés pour chaque sexe. Il y a un intérêt particulier pour les femmes dans l'article suivant, qui explique les recherches sur l'individualité des femmes qui ont été menées.

1. Myers-Briggs

Il existe différents types de personnalités déterminées par l'indicateur de type Myers-Briggs, un outil conçu et développé sur la base de tests psychologiques. Vous pouvez découvrir si un individu possède des caractéristiques telles que l'individualité, l'appartenance, la réussite, l'éducation, le statut économique et la culture sur la base de 16 résultats de test, et chaque type incarne certaines ou toutes les caractéristiques énumérées ci-dessous :

• Introversion/ Extroversion

• Intuition/détection

• Ressentir/penser

• Percevoir/juger

De nombreuses entreprises et organisations demandent fréquemment à leurs employés de passer ce test. En effet, ils ont constaté que certains types de personnalité réussissent mieux ou conviennent mieux à des postes particuliers que d'autres profils de personnalité. De plus, la commodité de ces tests a fait l'objet de controverses dans le passé.

Au cours d'une nouvelle enquête menée par l'armée américaine, il a été déterminé que les forces armées pourraient être en mesure d'identifier les femmes les plus susceptibles de réussir à l'académie des services armés américains. Après l'analyse des résultats, il a été déterminé que la plupart des étudiants de l'académie sont plus susceptibles d'être des ESTJ.

Le type de personnalité ISFP était moins courant chez les décrocheurs, tandis que les types de personnalité ENFP et ENTP étaient plus courants. Malgré ces découvertes, les scientistes ont découvert que Myers-Briggs n'était pas un test adéquat pour prédire les comportements réussis parmi les stagiaires et les étudiants de l'Académie navale. Par conséquent, des évaluations alternatives devraient être envisagées à l'avenir pour des prévisions plus précises.

2. La femelle alpha contre la femelle bêta

Ces dernières années, la théorie de la femelle alpha est devenue très populaire avec de nombreuses discussions et spéculations, ce qui n'est pas inattendu. Plusieurs publications et études scientifiques ont étayé la validité de l'hypothèse ces dernières années. Il est courant que les gens intègrent divers aspects de la culture contemporaine dans leur vie quotidienne dans le cadre de leur intégration dans la société. Même si le cerveau de la femme est très similaire à la fonction cognitive de l'homme en termes de capacité à traiter les stimuli, on peut conclure que les femmes sont branchées pour un comportement plus dominant que ne le laisse entendre la sagesse conventionnelle, étant donné la similitude entre les deux types de cerveaux.

Les caractéristiques féminines alpha comprennent les suivantes :

- Sexuel

- Axé sur la carrière

- Dominant

- Sur de soi

- Sûr de soi

- Confrontation

- Drôle

- Fort

- Compétitif

La femelle bêta, la sœur moins connue de l'alpha, a de nombreuses qualités positives. Certains de leurs attributs personnels incluent les suivants :

- Facile à vivre

- Bons auditeurs

- Passif

- Nourrir

- Doux

Alors que les femmes affichent une combinaison de caractéristiques alpha et bêta, ces traits semblent se situer sur un continuum de toutes sortes ; tout le monde tombe quelque part le long de ce continuum. Certaines femmes ont généralement un niveau de caractéristiques alpha plus élevé que d'autres. En revanche, certaines femmes ont un niveau plus élevé de caractéristiques bêta, et certaines semblent se situer quelque part au milieu. Le concept de la méthode de test de personnalité féminine alpha a été utilisé par les analystes pour démontrer cette gamme afin de localiser davantage de femmes occupant des postes de direction. Je crois que l'existence de caractéristiques extraordinaires chez les femmes est susceptible d'être examinée plus en détail à l'avenir afin que leurs effets puissent être explorés dans une plus grande mesure. Ceci s'ajoute à la manifestation de ces caractéristiques par les hommes.

Défis

Chacun de nous fait face à des défis dans la vie. Voici quelques-uns des problèmes qui affectent spécifiquement la psychologie féminine.

Les femmes ont fait d'énormes progrès dans un large éventail de domaines au cours des dernières décennies, mais il existe encore de nombreux stéréotypes qui dépeignent encore les femmes comme faibles, domestiques ou même « embellir ». Échapper à ces stéréotypes peut être difficile, c'est pourquoi un ami ou un thérapeute de confiance peut être une ressource utile. Quelles autres mesures peuvent être prises pour mettre fin aux stéréotypes en dehors du conseil ? Que peut-on faire d'autre pour éviter les platitudes ? Nous devons reconnaître que les femmes ont des caractéristiques, des compétences, des idées et des motivations distinctes qui méritent d'être reconnues. Ces femmes méritent également de profiter de l'occasion pour démontrer leurs capacités.

Vous devez vous rappeler que les stéréotypes non seulement rendent tout le monde moins confiant, mais peuvent également avoir un impact négatif sur tout le monde. Les femmes et les hommes ont beaucoup en commun, et tous deux sont sujets à des présomptions blessantes qui conduisent à des stéréotypes et à des effets néfastes. Cependant, ces effets sont généralement moins prononcés que ceux subis par leurs homologues féminins.

Les hommes et les femmes ont également des problèmes relationnels. Certains des problèmes les plus courants pour les couples sont les suivants :

- L'absence de sentiments amoureux

- Attentes irréalistes

- Affaires extraconjugales

- Communication inefficace

- Luttes de pouvoir

Même si ces problèmes affectent les hommes et les femmes de la même manière, il convient de noter qu'ils affectent les deux de manière égale. En revanche, les femmes sont beaucoup plus susceptibles d'avoir des attentes irréalistes dans leurs relations, tandis que les hommes sont moins enclins à avoir des relations extraconjugales. Ensuite, il y a le fait que les luttes de pouvoir dans les relations nuisent davantage aux femmes qu'aux hommes, surtout lorsque l'homme dans la relation :

- Est physiquement plus fort

- A une plus grande capacité de gain

-

Reçoit plus de soutien pour la domination

Il ne fait aucun doute que les femmes et les hommes peuvent trouver un moyen de surmonter les problèmes qu'ils peuvent rencontrer dans leurs relations. C'est, s'ils y mettent leur esprit. Le rôle d'un conseiller de couple consiste à aider les couples à identifier et à résoudre leurs problèmes. Cela englobe également la résolution des luttes de pouvoir et l'acquisition de compétences en communication qui aideront à réduire les conflits pendant l'enfance et plus tard tout au long de la vie.

La Violence Conjugale

La violence contre les partenaires intimes est plus fréquente chez les femmes que chez les hommes. Selon les statistiques obtenues à partir d'un examen des femmes les plus dangereuses aux États-Unis, la violence contre les femmes est la principale cause de blessures chez les femmes. Voici des exemples de femmes à risque :

- Avoir un partenaire qui a des problèmes de consommation d'alcool ou de drogue.

- Avoir un partenaire dont l'emploi est sporadique ou qui est récemment devenu chômeur.

- Avoir moins qu'un diplôme d'études secondaires.

- Avoir été abusé par un ex-partenaire.

Presque tous les jours, c'est une triste réalité de la vie pour de nombreuses personnes de voir quotidiennement la violence contre leurs partenaires intimes et leurs partenaires. Parfois, des personnes qui n'auraient jamais anticipé la violence se retrouvent confrontées à la violence avant d'avoir pu l'imaginer. Pensez-vous que nous pouvons faire quelque chose pour vous aider ? Il est essentiel de veiller à ce que les amis, les membres de la famille et les autres personnes susceptibles d'être au courant de la violence gardent un œil sur les signes de troubles. En outre, ils doivent prendre des mesures proactives pour garder un œil sur les activités suspectes. Il y a une assurance qu'ils sont là pour aider les personnes victimes de violence domestique. Ils peuvent leur fournir des instructions sur les endroits où ils peuvent obtenir de l'aide auprès de la hotline nationale pour la violence domestique.

Problèmes de Reproduction

Les systèmes reproducteurs masculin et féminin sont affectés de la même manière par le système reproducteur. Il est important de noter que la décision d'une femme de tomber enceinte ou non peut avoir d'énormes répercussions sur ses droits et ses responsabilités. De plus, cela peut également avoir un impact considérable sur sa santé physique et son bien-être. Les femmes sont ultimement responsables de ce qu'elles décident concernant leur reproduction. Essentiellement, c'est parce que ce sont eux qui doivent porter le fœtus, même si les hommes ont tendance à assumer plus de responsabilités de nos jours. Je suis d'accord que les hommes ne sont pas déraisonnables s'ils évitent fréquemment des tâches spécifiques puisque c'est parfaitement acceptable.

Ces résultats indiquent-ils que les femmes font de meilleurs parents que les hommes ? Cette question reçoit généralement une réponse négative. Les deux parents doivent maintenir une communication constante entre eux. C'est la seule façon de s'assurer que les deux parents sont également efficaces dans leur rôle de parents envers leurs enfants. Avant d'entrer dans une liaison ou une relation, le couple doit soigneusement réfléchir aux décisions qu'il devra prendre en matière de reproduction.

Dépression et Anxiété chez les Femmes

La prévalence de la dépression majeure est plus élevée chez les femmes que chez les hommes. Environ 5,5 % des femmes ont signalé au moins un épisode de dépression en 2010, selon l'Organisation mondiale de la santé (OMS), alors que seulement 3,2 % des hommes ont signalé de tels symptômes. La recherche a étudié les différences entre la dépression des hommes et des femmes en fonction du sexe auquel ils appartiennent. Les résultats suivants diffèrent pour les hommes par rapport aux femmes :

- Les femmes avaient plus de symptômes d'intériorisation, tandis que les hommes avaient plus de symptômes d'extériorisation.

- Les femmes avaient plus de troubles dépressifs liés aux changements hormonaux, mais peu de traitements étaient conçus, surtout pour les femmes.

- Les études ont tendance à ignorer les différences hormonales entre les femmes et les hommes pour généraliser les résultats pour les deux sexes.

- Les femmes les plus à risque de dépression sont les minorités ethniques, les adolescentes, les professionnelles, les lesbiennes, les personnes âgées, les pauvres, les victimes de violence physique ou souffrant de troubles de l'alimentation ou de toxicomanie.

L'incidence de l'anxiété est également plus élevée chez les femmes que chez les hommes. Sur la question des différences entre les sexes en matière d'anxiété, il n'y a que des preuves limitées que l'anxiété chez les femmes diffère de l'anxiété chez les hommes. Cependant, cela peut être dû au fait que les hormones jouent un rôle important dans les deux conditions. Selon une étude, ces résultats se sont révélés appropriés :

- Les femmes se voient plus souvent prescrire des psychotropes pour l'anxiété.

- Le corps des femmes réagit différemment aux anxiolytiques.

- Les hormones sont probablement un facteur essentiel dans la cause de l'anxiété féminine.

Une compréhension globale des bases biologiques de la dépression et de l'anxiété chez les femmes doit être découverte grâce à la recherche. Cela comprend le développement de traitements efficaces pour le traitement de ces conditions. Cela garantira que ces conditions peuvent être combattues efficacement. Le gouvernement devrait également consacrer du temps à s'attaquer aux nombreux facteurs qui contribuent à la dépression chez les femmes afin de pouvoir prévenir la dépression. Ces problèmes comprennent la violence entre partenaires intimes, la violence contre les filles et les femmes, la population sans documents, le manque de liberté de procréation, l'insuffisance des services de garde d'enfants abordables, l'inégalité salariale et d'autres problèmes qui pèsent sur la vie des femmes.

Même après que tout cela a été dit et fait. Les femmes peuvent être comparées aux hommes en termes de structure cérébrale de certaines manières intrinsèques, malgré leur apparence et d'autres caractéristiques. Plusieurs parties du cerveau humain sont identiques chez les deux sexes. Cependant, on a le sentiment que certaines parties du cerveau sont similaires chez les deux sexes, même s'il existe certaines parties du cerveau humain où les choses sont différentes. Les scientifiques ont lutté pendant des années pour comprendre pleinement le cerveau humain, car il s'agit d'un organe si incroyablement complexe qu'il leur a fallu beaucoup de temps pour en comprendre pleinement tous les aspects. Le cerveau est peut-être un mystère, mais les femmes ont aussi une variété de facettes qui les rendent tout aussi intrigantes que leurs homologues masculins. Même s'il ressort de notre point de vue que les hommes semblent avoir un meilleur sens de l'organisation lorsqu'ils acquièrent une vision claire de leurs objectifs et de ce qu'ils veulent réaliser, les femmes ont encore beaucoup à offrir. Quand on regarde l'histoire du monde, il semble que l'une des raisons les plus importantes pour lesquelles les femmes ont été soumises à tant d'oppression tout au long de l'histoire est qu'elles ont oublié qui elles sont. Cela est particulièrement vrai lors de l'évaluation du passé par rapport à l'âge présent.

3

Rôle de la Femme dans la Famille et dans la Société

EN RAISON DE LEURS importantes contributions à la nation, les femmes ont contribué à de nombreuses réalisations qui ont été considérées comme des pionnières. On estime que la moitié ou plus de la population mondiale appartient aux cultures sud-asiatique et moyen-orientale. Ces deux cultures accordent une importance énorme au rôle des femmes dans leurs sociétés. Dans un rapport récemment publié par le secrétaire général de l'ONU, il a été constaté que les femmes représentent 50% de toutes les ressources humaines, ce qui en fait la deuxième source de ressources humaines et avec beaucoup de potentiel.

Concernant le développement durable et la qualité de vie au sein de la famille, la présence d'une femme au foyer ne doit pas être banalisée ou oubliée en ce qui concerne la famille. Les familles consistent en une variété de rôles que les femmes jouent dans la sphère. La Femme : l'épouse, la dirigeante et l'administratrice, mais il y a aussi la gestionnaire des revenus de la famille, et enfin et surtout, la mère.

En tant qu'Épouse

C'est une idée fausse courante que les femmes sont des compagnes pour les hommes, et en plus de cela, elles sont leurs partenaires et leurs meilleures amies ; Par contre, ce n'est pas toujours le cas. Lorsqu'un couple s'engage dans une relation hypothéquée, la femme renonce à ses plaisirs et à ses ambitions pour le mari. En maintenant une norme morale élevée, en soulageant le stress et les tensions au sein du ménage et en veillant à ce que la famille reste en paix et en ordre, elle donne le bon exemple aux enfants. Elle crée ainsi les conditions qui permettent à son partenaire masculin de se préoccuper davantage de la sécurité financière globale de la famille en raison de l'environnement qu'elle lui construit. De plus, ses réalisations tout au long de sa vie peuvent être considérées comme un exemple qui peut aider à motiver et inspirer les hommes alors qu'ils s'efforcent d'atteindre des objectifs élevés et de réaliser des réalisations dignes tout au long de leur vie.

Dans la plupart des cas, les femmes sont très susceptibles de soutenir leurs partenaires malgré les circonstances, partageant leurs succès et leurs réalisations quelles que soient les conditions. C'est l'une des rares choses que les conjoints savent être vraies pour eux dans tous les aspects de la vie quotidienne. Ceux qui se tournent vers leurs partenaires pour l'amour, le soutien, la sympathie, la compréhension, le réconfort et la reconnaissance se tournent vers eux pour ces choses. Ces vertus sont parmi les principales raisons pour lesquelles la plupart des maris les tiennent en haute estime en tant que symboles de dévotion, de pureté, de fidélité et de soumission.

En tant que Chef de Ménage

Pour qu'un ménage maintienne un environnement harmonieux et discipliné, plusieurs règles doivent être respectées. Les femmes sont responsables du maintien d'une vie familiale disciplinée et cohésive, et c'est de leur responsabilité de vérifier cet aspect. À cet égard, on leur attribue souvent la création d'une atmosphère positive au sein du ménage et la garantie de l'harmonie et de la discipline entre les membres de la famille. Disposant de l'équipement, du matériel et des ressources nécessaires pour s'assurer que les tâches peuvent être accomplies, elle attribue des tâches aux membres de la famille en fonction de leurs divers intérêts et capacités.

Elles sont chargées d'organiser différentes fonctions sociales au sein de la famille dans le cadre de leur rôle d'administrateurs chargés de faciliter la progression du système social. Leur responsabilité comprend la supervision des activités familiales telles que les loisirs familiaux. Une grande variété d'activités sont prévues pour le plaisir de toute la famille, y compris les besoins récréatifs pour petits et grands.

En tant que Mère

Que la femme du ménage soit enceinte ou ait des enfants, toute la charge de procréer et la plupart des responsabilités d'éducation des enfants seront assumées par la femme de la famille. La responsabilité d'inculquer aux enfants un sens de l'autodiscipline, de l'ordre, de la diligence et de l'honnêteté incombe à la mère au premier plan. Au fur et à mesure que les enfants grandissent, leur comportement est fortement influencé par leurs parents. Au cours de ces années de formation, les parents ont tendance à exercer la plus grande influence sur les enfants. Ainsi, ils sont ultimement responsables du maintien de niveaux élevés de discipline familiale à la maison. Pour y parvenir, ils doivent accorder une attention particulière et stricte.

Les mères, par-dessus tout, sont les premières et les plus influentes enseignantes de leurs enfants. Les mères interagissent avec leurs enfants pour transmettre des informations sur leur patrimoine culturel aux jeunes générations. De leur mère, les enfants apprennent comment se comporter, se conduire en public, ce qui est considéré comme bien et mal et comment penser. Elle est causée par la relation intime et continue de la mère avec son enfant. Cette relation lui permet de reconnaître et d'entretenir les qualités, capacités et attitudes uniques de l'enfant. À la suite de cette relation, la personnalité de l'enfant deviendra ce qu'elle sera dans le futur.

Une femme est chargée de veiller à la santé de ses enfants en tant que mère. La mère est très soucieuse d'offrir une qualité de vie supérieure à chaque individu, y compris les nourrissons, les enfants, les adolescents et les parents vieillissants.

L'une des façons dont elle organise un ménage autrement chaotique est de s'assurer que tous les membres de la famille reçoivent une alimentation adéquate, un repos adéquat et des divertissements appropriés. Sa capacité à créer un environnement confortable pour les enfants de la maison en fait un lieu de vie exceptionnel. Par ailleurs, elle cultive le goût du design et de l'aménagement intérieur pour que la maison devienne une atmosphère invitante, reposante et joyeuse.

Il y a un centre de gravité de la famille et de la maison autour de la mère. Chaque fois qu'un membre de la famille a besoin de sympathie, de compréhension ou de reconnaissance, il se tourne vers elle. De nos jours, de nombreuses femmes consacrent une grande partie de leur temps, de leur énergie et de leur réflexion au bien-être et au bonheur de leur famille. L'homme fournit le temple, et la femme organise l'atmosphère et les cérémonies qui symbolisent l'unité d'individus interdépendants.

En tant que Gestionnaire de la Famille

Les femmes ne sont pas seulement les soutiens de famille mais aussi les gérantes de leur foyer et la source des dépenses de la famille. En sa qualité de directrice financière, elle est chargée de s'assurer que chaque centime est dépensé de manière efficace et efficiente pour s'assurer que l'argent est dépensé de manière appropriée. Un budget préparé par son organisation vise l'équilibre avec des surplus plutôt que des déficits puisqu'elle préfère éviter les dépenses inutiles. Lors de l'élaboration et de la mise en œuvre d'un budget, des informations précises sont une étape essentielle. Elle porte une attention particulière à l'exactitude de l'estimation des pertes et des bénéfices. Pour gérer efficacement ses ressources financières, elle doit veiller à répartir ses revenus entre différentes catégories, telles que les nécessités, le confort et le luxe. Le résultat du processus sera déterminé par la direction qu'elle souhaite prendre. Les membres masculins et féminins du ménage ne pouvaient pas subvenir aux besoins de leur famille sans le soutien de leurs partenaires afin qu'ils puissent gagner leur vie.

Le Rôle dans le Développement Durable

Nous pouvons voir qu'il y a de nombreux rôles dont les femmes sont responsables au sein de la famille, comme épouse, partenaires, organisatrices, administratrices, directrices, recréatrices, planificatrices, économistes, mères, enseignantes, agents de santé, politiciennes, artistes, reines, et plus encore. De plus, le rôle des femmes dans le développement social et économique au niveau macro ou micro est l'une des composantes les plus influentes du développement de la civilisation humaine dans son ensemble.

Au cours du XXe siècle, les femmes sont de plus en plus contraintes de quitter l'exclusivité du cercle familial pour travailler aux côtés d'autres membres de la société. Une grande partie de cela pourrait être attribuée à une éducation accrue et à des conditions économiques prospères. Il existe une variété de projets qui peuvent être lancés par des femmes qui deviennent membres d'une organisation féminine. Quelques-uns de ces programmes comprennent des programmes d'alphabétisation et d'éducation pour les filles défavorisées. Il n'y a aucun moyen de réaliser le développement des ressources humaines sans éducation.

Il est impératif que les femmes participent activement à la planification et à la mise en œuvre des initiatives de développement durable et de qualité de vie. Pour cette raison, en plus de promouvoir l'artisanat et les industries artisanales, la conservation des aliments et un régime alimentaire à faible coût, les organisations devraient rechercher et diffuser des informations sur les produits artisanaux, les industries artisanales et les stratégies de conservation des aliments auprès des personnes issues de milieux socio-économiques défavorisés. Les femmes doivent jouer un rôle vital dans la société en servant de modèles. Ils doivent s'attaquer à de multiples problèmes, notamment l'inégalité entre les sexes, la violence à l'égard des femmes, l'exploitation domestique et sur le lieu de travail, l'interdiction de la dot, la superstition et d'autres atrocités perpétrées contre les femmes.

Les adolescentes et les adolescents devraient être autorisés à entendre un message spirituel d'une organisation religieuse. Cela sera un moyen de les empêcher d'avoir des démêlés avec la justice plus tard dans la vie. En outre, ils sont également essentiels pour fournir aux adolescents des conseils avant et après le mariage sur la possibilité de contracter des maladies sexuellement transmissibles. Ces infections comprennent le VIH/SIDA, l'hépatite C, le paludisme et d'autres maladies. L'organisation est chargée de fournir des informations sur les droits de l'homme, les droits des femmes, diverses formes de soutien financier aux banques américaines et différents programmes de vaccination destinés aux membres de statut socio-économique inférieur.

Au cours des derniers siècles, les femmes ont été à l'avant-garde du développement et de la croissance de la société, y compris de la prospérité de la nation. Les femmes sont confrontées à un large éventail de défis résultant de l'émergence d'un scénario social complexe. Dans ce contexte, ils ne sont plus considérés comme des annonciateurs de paix. Au lieu de cela, ils peuvent être considérés comme un symbole de pouvoir et un signe de progrès.

Napoléon a dit : "*Donnez-moi de bonnes mères, et je vous donnerai une bonne nation.*" Il est indéniable que l'attitude des mères envers l'éducation de leurs enfants est sans aucun doute liée au développement économique de leur pays. La relation ne peut être niée. L'éducation de leurs enfants profitera à toute la société. La plupart des mères se consacrent à élever leurs enfants et à les éduquer, car ces choses auront un impact positif et durable sur la société. Il convient de noter que, tout au long de l'histoire, le rôle des femmes a toujours été l'un des facteurs les plus importants dans l'évolution du développement de toute nation. On a reconnu leur importance dans le passé. Tout au long de l'histoire, les femmes ont joué un rôle essentiel dans le développement de l'humanité en tant que membres précieux de la société et contributrices fondamentales à l'évolution de la société. Ni les hommes ni les femmes ne sont capables de remplir ces rôles séparément. Il existe une responsabilité partagée entre les hommes et les femmes concernant les obligations de la vie. Je crois que la femme et l'homme peuvent être considérés comme des parties complémentaires d'un même chariot, un peu comme la roue d'un chariot complète l'essieu et vice versa.

Dans le monde de la religion, il ne fait aucun doute que toutes les religions, en particulier l'Islam, ont accordé des droits et un statut égal aux femmes. Les traditions religieuses islamiques accordent aux femmes une position digne puisqu'elles reconnaissent leur importance en tant que contributeurs positifs à la race humaine. Les enseignements islamiques enseignent qu'il est de la responsabilité des femmes d'empêcher l'extinction de la race humaine. Je considère que c'est un devoir très honorable pour une mère d'accomplir. Après tout, la mère est responsable d'élever ses enfants de la manière la plus efficace possible. Lorsqu'un enfant s'assoit sur les genoux de sa mère au début de son éducation, il reçoit sa première éducation. Nous savons sans équivoque que les hommes qui réussissent sont les descendants de mères remarquables.

Au début de l'ère islamique, il était de coutume que les femmes travaillent aux côtés de leurs homologues masculins. De plus, à leurs responsabilités sur le champ de bataille, elles devaient s'occuper des soldats blessés, garder les fournitures stockées et parfois même se battre courageusement au nom de leurs coéquipiers sur le champ de bataille. Dans le cadre de l'une des réformes les plus importantes des systèmes hospitaliers et des soins infirmiers en tant que profession, Florence Nightingale a joué un rôle influent.

L'histoire des femmes dans le monde révèle qu'elles ont été des saintes, des érudites, des poètes, des écrivains, des réformatrices et des administratrices célèbres. Les femmes doivent avoir accès à une éducation et à une formation de qualité pour leur permettre d'acquérir les compétences nécessaires pour réussir dans le monde difficile d'aujourd'hui. Pour réussir dans le monde moderne, les femmes doivent acquérir une compréhension plus globale de ce qu'est la vie et de ce qu'elle implique dans le monde d'aujourd'hui.

Une femme qui a une éducation formelle peut jouer un rôle influent dans la réforme de la société avec son éducation formelle. Le problème du comportement perturbateur est souvent causé par des individus qui ont été élevés dans le mauvais environnement et qui ont des difficultés avec les relations sociales. De nos jours, il devient de plus en plus évident que les femmes sont perçues comme étant mieux traitées dans toutes les sphères de la société. Les femmes ont montré leurs capacités le plus efficacement dans tous les domaines. Il a été rapporté qu'ils travaillaient comme pompiers, enseignants, médecins, chercheurs, ingénieurs, administrateurs et même chefs d'État. En Europe et en Asie du Sud, en plus des régions du Moyen-Orient et de l'Asie du Sud-Est, les taux d'alphabétisation des femmes figurent parmi les moyennes mondiales les plus faibles. La proportion de femmes qui ont accès à l'éducation devrait être augmentée. L'éducation est susceptible de contribuer au progrès de la société au fil du temps, en particulier pour les femmes ayant des niveaux d'éducation plus élevés.

4

La perspective Biblique

Il faut commencer par l'histoire de la création pour mieux comprendre les circonstances qui découlent de la situation des femmes dans notre société d'aujourd'hui. Il y a une idée fausse commune selon laquelle l'ordre de la création montre que les femmes sont inférieures à leurs homologues masculins ; cependant, après avoir examiné la proclamation « la chair de ma chair », il devient clair que l'équité entre les sexes est en effet leur objectif.

Il est également impératif de mentionner que les femmes des temps bibliques ont joué un rôle essentiel dans la création de l'histoire grâce à leur résilience, leur foi et leur leadership. Il a été observé que les hommes comptaient sur leur force et leur agressivité pour accomplir leurs tâches. En revanche, les femmes comptaient sur leurs forces pour atteindre leurs objectifs. Même si les femmes bibliques étaient considérées comme des égales au quotidien, rien ne prouve qu'elles participent aux décisions économiques et politiques.

Femmes de persévérance

Dans la Bible, les femmes sont souvent décrites comme fidèles et loyales à Jésus, et la Bible donne de nombreux exemples d'un tel comportement.

Dans les temps anciens, une jeune fille nommée Marie-Madeleine est venue d'un modeste village de pêcheurs et a voyagé très loin avec Jésus comme l'un de ses disciples les plus dévoués. Le livre des Actes la mentionne plus que toute autre femme à l'exception de celles qui étaient membres de la famille de Jésus. Cela peut suggérer qu'elle est la femme la plus importante dans les évangiles canoniques. Au lendemain de la crucifixion de Jésus et des événements qui ont suivi, Marie s'est tenue là et a été témoin de ce qui s'était passé. Même si la plupart des hommes ont fui l'arrestation, ce qui a conduit à la crucifixion de Jésus, Marie est restée. En conséquence, elle est devenue la première femme à être témoin de la résurrection de Jésus en s'appuyant sur ses instincts et en s'accrochant à sa foi avec ténacité.

Marie-Madeleine est l'une des figures historiques les plus innovantes de l'histoire, montrant à quel point elle n'était pas comme ses homologues masculins à bien des égards. C'est douteux qu'elle ait compris à quel point ses actions seraient efficaces, mais même avec cette connaissance, elle était toujours plus efficace que beaucoup d'hommes. La femme n'était pas au courant de cela ou a choisi de les exploiter intentionnellement, utilisant ses forces inhérentes d'une manière qui contredisait tout ce qui était accepté et reconnu à propos de leur personnalité. Marie n'était pas la seule femme dans l'histoire de la civilisation chrétienne à avoir été jugée en raison de sa dévotion et de ses convictions.

Une prophétesse de la tribu d'Aser, Anna, a consacré toute sa vie à prier Dieu, y consacrant presque tout son temps tout au long de sa vie. Durant sa vie, elle s'est consacrée à la cause de Jésus le Messie puisqu'elle a prédit qu'il viendrait dans ce monde comme une prophétie. Elle a énormément aidé la cause de Jésus au cours de sa vie en raison de sa loyauté envers Jésus.

Il ne fait aucun doute que l'histoire de Martha est controversée par rapport à certaines mentionnées précédemment. Il existe de nombreux cas où Marie et Marthe ont accueilli Jésus dans leurs maisons à Béthanie. Il leur a donné beaucoup de leçons pendant qu'il mangeait avec eux. Un incident spécifique de la Bible souligne l'importance du choix pour les femmes, en particulier en démontrant qu'il illustre l'importance de la liberté. Contrairement à Marie, Marthe est restée avec Jésus et a utilisé sa sagesse pour assimiler ses enseignements. Elle a refusé d'aider Mary dans ses tâches pendant que Mary préparait la nourriture pour les invités. Jésus, contrairement à l'appel à l'aide de Marie, se leva et dit : « Elle a fait son choix. » L'histoire se termine lorsque Marthe fait appel à sa foi et demande à Jésus d'aider son frère mourant. La femme est implacable dans sa poursuite même après sa mort jusqu'à ce qu'elle soit persuadée que Jésus le ressuscitera d'entre les morts. On pourrait affirmer que Martha avait plus de contrôle sur sa vie que toute autre femme de son temps, surtout par rapport aux autres femmes de son époque. Grâce à ce qu'elle a pu accomplir grâce à sa volonté et à sa persévérance, elle a réussi à obtenir ce qu'elle désirait.

Femmes de Valeur

Il serait logique et facile de conclure que la plupart des réalisations des femmes dans leur vie sont directement liées à leur persévérance. Lorsque Deborah, le quatrième juge du Livre des Juges, est appelée à résoudre le problème, elle met fin à la réclamation. Ce n'était pas seulement un prophète ou un juge mais aussi un chef militaire expérimenté dont les paroles ne devaient pas être prises à la légère. Par conséquent, elle était connue comme une femme fougueuse. Son histoire dans la Bible démontre clairement qu'elle était une femme habilitée par l'autorité. Cela peut être attribué au fait qu'elle n'a pas plaidé ou crié et qu'elle a simplement assigné et convoqué des personnes et des choses selon sa discrétion. Sa réponse a été de nommer un général de l'armée israélienne, Barak, et de le désigner pour faire la guerre aux atrocités oppressives commises par leurs ennemis. Dans la Bible, Deborah, une ancienne figure féminine, est un exemple de la façon dont les femmes peuvent exercer leur pouvoir pour l'amélioration de la société sans compromettre leurs valeurs.

En ce qui concerne Deborah, elle était responsable de la guerre qui s'est développée, mais seulement après que des représailles aient été commises contre elle. Les hommes ont également fait la guerre pour une foule de raisons moindres lorsqu'ils sont confrontés au combat. La tentative de Deborah de libérer son peuple des forces oppressives était bien plus noble que les conquêtes brutales qui ont conduit à leur défaite. À certains égards, elle a essayé de faire les choses à sa manière, et pour cela, elle a été félicitée. Même si Deborah était une guerrière, une figure d'autorité et quelqu'un de créatif, elle était aussi une compositrice et une artiste. Deborah a conduit son peuple dans la prière après chaque victoire en chantant et en jouant des instruments de musique. Deborah a conduit son peuple dans la prière après chaque réalisation. Elle a également pu tirer parti de sa double nature pour souligner le fait que son statut militaire ne diminuait pas les qualités les plus fines de son caractère. Elle n'était pas satisfaite d'être limitée par ces aspects de son caractère, malgré son expérience de la guerre et de la violence.

Le seul aspect intéressant à propos des femmes bibliques est que chacune décrivait une caractéristique de sa personnalité qui lui était propre. Des héros qui ont reçu des félicitations pour leur dévouement. À ceux qui ont reçu une reconnaissance pour leur loyauté envers ceux qui ont reçu des mentions honorables pour leur bravoure. Et à nos héros qui ont été appréciés pour leur sacrifice, nous sommes fiers de tous nos héros. Compte tenu de tout cela, il n'est pas surprenant de voir l'intelligence d'Abigail reconnue comme étant de grande qualité. Cette femme illustre de nombreuses caractéristiques qui incarnent la philosophie de la « beauté avec un cerveau » car elles sont toutes présentes en elle. David a provoqué Abigail avec des insultes et des remarques sarcastiques après avoir été insulté par son mari insensible et capricieux. Abigail est partie avec des provisions pour réparer les dégâts causés par son mari impitoyable. L'incident a commencé lorsque David s'est mis en colère et a menacé d'attaquer sa maison et sa terre si elle ne le laissait pas tranquille. Même si cela lui a pris un peu de temps, Abigail a finalement calmé ses nerfs et l'a laissé seul. La réponse rapide d'Abigail face à une situation potentiellement dangereuse pourrait entraîner la mort de son mari et la perte de ses biens. C'était une indication évidente de son intelligence. À bien des égards, sa ténacité peut être attribuée au fait qu'elle était une survivante. Cependant, personne ne peut nier que sa vivacité d'esprit a permis à sa famille d'échapper à une situation potentiellement désastreuse.

Abigaïl a sauvé sa famille du massacre, mais Esther a sauvé toute sa nation du génocide. C'était une femme d'une beauté et d'une intelligence exceptionnelles. Les facettes vibrantes de sa personnalité transparaissaient dans ses yeux captivants. Grâce aux nombreuses qualités enchanteresses d'Abigail, elle a réussi à charmer Assuérus, le roi de Perse. Le roi avait hâte de la voir. Ce n'était pas intentionnel de sa part, mais elle était désirée par le roi. C'est parce qu'il ne se souciait pas des lois persanes qui lui interdisaient d'épouser une juive. L'histoire d'Esther est longue et sinueuse et ne peut être comprise dans toute son étendue qu'à travers une lecture approfondie du Livre d'Esther. Le plus gros point à retenir de son histoire était de ne jamais vous laisser à la merci de votre situation. Esther a étudié attentivement la nature humaine et était habile à exploiter leurs faiblesses et leurs forces à son avantage. Elle savait aussi quand renoncer à elle-même pour le bien des autres. En utilisant ces tactiques et bien d'autres, Ester est devenue la reine de Perse contre toutes les lois. Elle a apporté la prospérité et la bonté à sa nation et a évité un bain de sang en utilisant toutes les armes à sa disposition mais non tangibles.

Deuxième Partie

La perspective biblique commence par l'égalité dans la création alors que le meilleur sens de la « chair de ma chair » prévaut. Malgré l'approche corrompue de certaines sectes religieuses pour saper la valeur des femmes en utilisant l'histoire de la création, d'autres versets bibliques remettent les pendules à l'heure :

« Ainsi, Dieu a créé l'homme à son image, à l'image de Dieu il l'a créé ; homme et femme, il les a créés. » **– Genèse 1 :27**

Il ressort clairement du verset ci-dessus qu'il ne peut y avoir de désaccord sur le fait que Dieu a créé chacun de nous à son image, quel que soit notre sexe. Sachant que les hommes sont créés pour adorer Dieu, alors que les femmes sont faites pour assister les hommes, je trouve que l'idée que les hommes ont le devoir de servir Dieu et que les femmes sont créées pour assister les hommes manque un peu de substance, même si la l'expression « aide à l'ajustement » est utilisée pour décrire les créations féminines. En tant que tels, les rôles bibliquement ordonnés pour les femmes les appellent à prendre soin de leurs maris et de leurs enfants et à cultiver une atmosphère propice à la promotion de relations bienveillantes ; cependant, cela ne signifie pas qu'elles n'ont pas de terme à remplir. Ce n'est pas un phénomène nouveau que les femmes soient traditionnellement considérées comme les nourrices et les soignantes de leurs familles et de leurs communautés.

« De même, apprenez aux femmes âgées à être respectueuses dans leur manière de vivre, à ne pas être des médisantes ou

des adonnées au beaucoup de vin, mais à enseigner ce qui est bon. Ensuite, ils peuvent exhorter les jeunes femmes à aimer leurs maris et leurs enfants, à se contrôler et à être pures, à être occupées à la maison, à être gentilles et à être soumises à leurs maris, afin que personne ne dénigre la parole de Dieu. » – **Tite 2 :3-5**

Les femmes sont présentées tout au long de la Bible comme étant gentilles, attentionnées et aimantes dans leurs actions et leurs paroles. Puisqu'il a été prouvé que la plupart des hommes reconnaissent que les femmes sont généralement considérées comme possédant ces caractéristiques, il n'y a aucune raison de croire que les femmes sont faibles. La sincérité veut que ces femmes soient plus attirantes et plus saines que de nombreux autres adjectifs fréquemment utilisés pour décrire les hommes. Ce sont, par exemple, l'impulsivité, la colère et la force physique. Une femme moderne cherchant à justifier sa position féministe ne les considère pas comme des extensions d'elle-même ordonnées par Dieu, comme le veut la perception populaire. On pense que la femme contemporaine désire se sentir puissante au détriment de son identité, de sa nature divine et de son essence, ce qui peut être la raison de cette croyance. Dans la situation actuelle, les ministères sont en ardeur, et les églises sont également en ébullition. La raison principale est que les féministes se mobilisent contre l'église et les accusent de dépeindre les femmes comme plus faibles par rapport aux hommes.

Les femmes méprisent toutes les règles traditionnelles de la société patriarcale, mais elles s'y conforment puisqu'elles le font ouvertement. Il a dû y avoir un facteur qui les a amenés à penser que faire la guerre, être brutal et gagner le respect de la famille étaient des emplois plus précieux que tout ce qu'une femme pourrait être capable de faire ? Il arrive un moment dans la vie de chaque femme où elle devrait commencer à s'accepter telle qu'elle est et être fière d'elle telle qu'elle est. Dans une tentative de se troquer, les femmes doivent substituer le récit sans s'altérer pour se changer. Il n'y a rien de plus important pour nous que de savoir que Dieu nous connaît mieux que nous ne nous connaissons nous-mêmes puisqu'il nous a créés ;

les hommes, les femmes et l'univers entier.

Même ainsi, si pour une raison quelconque vous êtes catégorique sur le fait que vous devez être séparé de la bonté de Dieu, de la pureté de Dieu et de la philanthropie de Dieu de plus en plus d'une manière ; en même temps, vous devez réaliser que tout ce qui concerne la création de Dieu est conçu de manière complexe dans la nature. Nous avons appris dans le chapitre précédent que les femmes peuvent être incroyablement féroces et capables lorsqu'elles se concentrent sur leurs points forts. En étant elles-mêmes et en faisant ce qu'elles savent, les femmes Bibliques ont dirigé des armées, changé l'issue des batailles et sauvé des pays entiers. Ces femmes avaient de multiples facettes mais non sans leurs qualités inhérentes. Selon les Écritures, « soumis » décrit les responsabilités d'une femme. Ce terme a fait l'objet de nombreux commentaires et critiques. Beaucoup d'hommes utilisent ce verset pour empêcher les femmes de travailler, de sortir et de faire tout ce qu'ils considèrent inapproprié, mais Dieu n'a rien contre les femmes qui travaillent.

« Elle considère un champ et l'achète ; avec ses gains, elle plante une vigne. Elle s'attelle vigoureusement à son travail ; ses bras sont forts pour ses tâches. » **– Proverbes 31 :16-17**

Par conséquent, la perspective biblique fait appel à la nature divine des femmes. Elle tient les responsabilités de tâches essentielles comme élever un enfant, créer une famille et tout garder ensemble. Alors que le monde moderne peut considérer ces tâches comme « plus faibles » et « moindres » ce que font les hommes, ces tâches nourrissent l'humanité. Les nations renaissent de leurs cendres et gouvernent le monde grâce à leurs mères et à leur persévérance. Dieu a utilisé le vocabulaire le plus estimé pour déterminer le rôle des femmes dans le monde.

« Leurs femmes doivent également être dignes, non calomnieuses, mais sobres d'esprit, fidèles en toutes choses. » **– 1 Timothée 3 :11**

En ce qui concerne la justification, Dieu a choisi les femmes pour supporter la douleur de la grossesse et de l'accouchement. Les femmes ont une plus grande tolérance à la douleur que n'importe quel homme, et ce seul fait devrait suffire à invalider les sentiments d'injustice et de mal dans votre cœur. Là encore, nous voyons des féministes affirmer que la maternité est moins une bénédiction qu'un fardeau. Elles ont cessé de voir la maternité comme une célébration de la vie, oubliant qu'il n'y aurait pas eu d'humanité sans la maternité. Le monde a commencé avec Ève portant des enfants, et le Saint-Esprit a choisi une femme, Marie, pour donner naissance au Fils de Dieu. Rien ne peut se comparer au statut de mère. D'une certaine manière, les femmes partagent le pouvoir exclusif de création de Dieu.

Dans le christianisme et dans une certaine mesure dans d'autres religions comme l'islam, Marie est considérée comme le symbole de l'espoir, de la foi et de la persévérance. Imaginez une jeune femme célibataire portant un enfant à une époque où l'innocence et la pureté étaient la plus haute vertu qu'une femme puisse posséder. Bien qu'elle sache que la mission de Dieu qui lui a été confiée par un ange pourrait tout lui coûter ; son fiancé, sa réputation et son statut, elle a accepté sa bénédiction. Quand Joseph, le fiancé de Marie, aurait rompu leurs fiançailles si l'ange de Dieu ne lui avait montré le chemin. Le couple a enduré une longue période de turbulences avant de concrétiser ses plans initiaux.

De plus, Marie a parcouru plus de 150 km jusqu'à sa ville natale pour obtenir les documents nécessaires pour s'y inscrire, comme l'ordonnait le décret de recensement de César Auguste. Imaginez traverser une distance aussi monumentale dans la chaleur torride.

Les modes de transport étaient moins confortables, surtout pour une femme enceinte. Imaginez ce que voyager à cheval ou à dos d'âne pendant des jours pourrait faire à une femme dans son dernier mois de grossesse. Marie est la brillante exemple de ce qu'une femme peut endurer tout en apportant une autre vie dans ce monde. Elle n'était pas seulement inspirée par le Saint-Esprit mais aussi par son propre esprit. Après avoir donné naissance à Jésus, Dieu a demandé à Joseph de partir pour l'Égypte avec Marie et son fils. Elle a à peine eu le temps de se mettre à l'aise dans sa ville natale.

Bien qu'elle ait été forcée de quitter sa maison, Mary a vécu dans la pauvreté la majeure partie de sa vie. Elle et Joseph n'avaient pas manqué de ressources pour s'en sortir. Le fait qu'ils aient dû déménager deux fois dans un pays différent n'a pas facilité les choses pour leur cas. On aurait pu penser que Mary en aurait eu assez de la maternité, mais elle avait au moins six autres enfants à naître selon la procédure habituelle. Marie est l'exemple le plus exemplaire de la façon dont la maternité et les différents rôles de la femme de qui parle la Bible sont dignes des femmes de toutes les époques.

De Mary, Anna à Deborah et Esther, chaque femme mentionnée dans la Bible est la preuve que les femmes sont tout aussi influentes dans notre société que les hommes. Ils n'ont peut-être pas les mêmes forces et capacités physiques que les hommes, mais ils doivent faire leurs preuves en tant que contributeurs égaux à notre civilisation. Ils ont élevé la voix comme des armes et prouvé leur loyauté là où cela comptait le plus.

Marie n'a pas abandonné Jésus, Deborah s'est battue pour l'honneur et la liberté, et Esther a risqué sa dignité pour la paix. Les femmes de la Bible nous rappellent toutes que la distinction entre hommes et femmes fait d'elles ce qu'elles sont. Elles peuvent être les cerveaux et les muscles, mais seulement si elles ont appris à jouer à leur avantage. Imiter et copier le sexe opposé pour validation ne fait que nuire à leur honneur.

5

Perspective Sociale

Les humains en tant que collectif ont toujours préféré vivre en société. Même lorsque les gens vivaient des jours nomades, les gens se déplaçaient en petits groupes pour créer un sentiment de sécurité autour d'eux. Comme pour les groupes de chasse, les tâches individuelles ont été déterminées en fonction des compétences et des différences de sexe. Les sociétés qui ont suivi avaient un cadre similaire, mais au lieu des différences de mérite et de sexe, elles ont façonné un terme distinct, « différences de genre, » pour évaluer la productivité. Les différences entre les sexes reposent fortement sur des constructions sociales enracinées dans la culture et le contexte historique.

Différentes cultures perçoivent différemment les hommes et les femmes, fondant leur jugement sur des variables telles que les différences physiques, les capacités et la viabilité économique. La société moderne favorise la viabilité économique, mais notre monde est bien plus complexe et diversifié que les constructions sociales d'un avenir utopique.

Pendant des siècles, les différences entre les sexes ont favorisé les hommes par rapport aux femmes, créant un système patriarcal injustifié que les féministes d'aujourd'hui ou les femmes de tout calibre en sont venues à détester. Le début n'était pas aussi sombre et pénible pour les femmes qu'il l'est aujourd'hui ou au cours des derniers siècles. Le problème a commencé lorsque les hommes au pouvoir ont appris à manipuler la religion et les constructions sociales en fonction de leurs intérêts. Les rôles de genre actuels sont des vestiges de notre passé, à l'exception de l'ère paléolithique et de la période antérieure à 3000 avant notre ère.

La plupart des historiens rejettent complètement la possibilité d'une gynécocratie, affirmant qu'il n'y a jamais eu d'époque où les différences sexuelles n'ont pas donné aux hommes un avantage sur les femmes. Les frictions entre les chasseurs (culture à prédominance masculine) et les cultivateurs (culture à prédominance féminine) ont également été vilipendées. Et si je vous disais qu'il fut un temps où l'accouchement était considéré comme mystérieux ou à la limite du miraculeux ? Les femmes étaient vénérées pour avoir porté le fruit qui a favorisé l'existence de différentes cultures et tribus. D'une certaine manière, les gens croyaient que les femmes étaient responsables d'augmenter leur nombre et de les garder fortes.

Les Femmes dans le Système de Santé

Sans aucun doute, l'industrie de la santé occupe une position unique au monde en ce qui concerne la diversité des genres. Le secteur n'est pas présent dans tous les pays ; c'est courant dans tous les pays. Il ressort des statistiques fournies par McKinsey & Company qu'il existe une forte proportion de femmes dans le domaine de la santé à tous les niveaux. Les femmes obtiennent 66 % des postes de premier échelon dans les soins de santé chaque année, et ce pourcentage augmente de 3 % chaque année. Les chiffres indiquent que les postes de direction resteront agréables, bien que les postes administratifs supérieurs aient tendance à légèrement baisser. Il existe une différence inquiétante dans la représentation des femmes entre l'accès aux emplois d'entrée de gamme et ceux aux postes de direction dans le monde de l'entreprise. Malgré toutes les variables, le secteur de la santé reste fortement dominé par les femmes, même après avoir déterminé les effets de chaque facteur. Dans une étude, qui a impliqué 52% de la population mondiale, il a été découvert que les femmes sont responsables d'environ 3 billions de dollars en frais de santé chaque année dans le monde. Les femmes représentent 77 % des travailleurs qualifiés aux États-Unis. Les résultats de l'étude ne sont pas trop inaccoutumés pour être pris en considération. En outre, on peut dire que la plupart des diplômés et des étudiants de troisième cycle qui étudient des matières liées à la santé sont des femmes, qui constituent en très grande majorité l'essentiel du domaine à tous points de vue.

L'industrie de la santé est considérée comme étant mieux représentée que les autres industries. Plus précisément, en termes d'avoir le pourcentage le plus élevé de femmes à des postes de direction, malgré la sous-représentation des femmes. Les femmes démontrent souvent les qualités qui ont été jugées essentielles à l'avancement de l'industrie. Pour cette raison, l'industrie se nourrit de qualités innées telles que la compassion, l'empathie et la gentillesse. Il n'y a pas de différence évidente entre les hommes et les femmes concernant leurs capacités, mais les femmes sont plus susceptibles de répondre à ces qualités d'un point de vue psychologique en raison de leurs facteurs émotionnels. Un nombre croissant d'infirmières prodiguent des soins aux patients dans les maisons de retraite et les hôpitaux tout au long de la journée. En dehors de cela, la dureté de leurs mains et la façon dont elles sont traitées font que les femmes médecins sont préférables qu'aux hommes médecins parmi les patients. Parce que les femmes ont des instincts maternels, on croit généralement qu'elles sont plus susceptibles que les hommes d'être dignes de confiance et de subvenir aux besoins de leurs proches. C'est parce que leurs instincts maternels les rendent plus susceptibles de le faire.

Les femmes dans le système politique

Malgré l'emprise patriarcale sur presque toutes les industries, nous voyons la diversité des genres faire des vagues ces dernières années. Justin Trudeau a présenté le premier cabinet paritaire parce qu'il croyait à la diversité et à l'inclusion. Les femmes ont toujours eu le petit bout du bâton au cours du siècle dernier en ce qui concerne les rôles de direction. Ce n'est plus le temps où les femmes au pouvoir en tant que concept étaient réduites à un tabou. Une analyse minutieuse des données révèle que les femmes politiques sont plus susceptibles de soutenir l'égalitarisme, les droits civils et l'égalité sociale. On voit des femmes politiques travailler pour l'amélioration des politiques de santé et de la famille. Cependant, ils n'hésitent pas à mettre le pied sur l'équité salariale et les abus envers les femmes, en particulier la violence conjugale. Bien que les hommes se mobilisent pour les droits des femmes, les femmes ont une meilleure idée de la sûreté, de la sécurité et de l'équité.

Les femmes sont beaucoup plus susceptibles de mettre en avant leurs besoins et leurs intérêts dans de telles collaborations qu'elles ne le sont de les mettre en avant en coopération avec des forces opposées lorsqu'elles collaborent avec des antagonistes. Pour l'instant, aucune étude concrète n'est disponible à ce sujet. Néanmoins, si nous regardons l'histoire, nous pouvons observer que les gouvernements avec un pourcentage plus élevé de représentation féminine ont réussi à faire baisser les taux de mortalité. De plus, de nombreuses femmes politiques pensent que l'éducation et la santé sont deux des ressources les plus critiques dont dispose notre société, et elles sont fortement enclines à promouvoir les deux.

Les femmes en tant que gardiennes

« La force et la dignité sont ses vêtements, et elle rit du temps à venir. Elle ouvre la bouche avec sagesse, et l'enseignement de la bonté est sur sa langue. Elle regarde bien les habitudes de sa maison et ne mange pas le pain d'oisiveté. » – **Proverbes 31 :25-28**

Tout au long de l'histoire humaine, une chose qui n'a pas changé, c'est le rôle principal des femmes en tant que gardiennes de la vie des autres. Ils ont toujours été chargés de prendre soin de leur progéniture. Élevez-les et familiarisez-les avec les constructions sociales actuelles. Lorsqu'il y a un changement dans une communauté qui pousse les gens à prendre des décisions, les femmes en tant que gardiennes sont censées aider tout le monde à s'adapter aux circonstances. Ils ont le pouvoir de faciliter ou d'importuner toutes sortes de changements chez les personnes qui les entourent. Bien qu'elle soit considérée comme un rôle de genre plus faible, aucune société ne peut survivre sans des gardiens capables. Les hommes ne feraient pas la guerre s'ils n'avaient rien à rendre. Les deux rôles clés des femmes en tant que gardiennes sont les suivants :

Maternité

Les mères sont les initiatrices et les porteuses de la vie. Sans eux, le monde ne serait pas ce qu'il est aujourd'hui. Il n'y a jamais eu de groupes religieux ou sociaux dans le passé ou dans le présent qui prônent la violence contre les mères pour maintenir leur contrôle par la violence. Il y a souvent eu un sentiment de fierté et de respect associé au rôle d'une mère, en plus de tous les autres aspects de la vie d'une femme, en particulier pour ses enfants. Cela a profité à la fois à elle et à eux tout au long de leur vie. Outre les responsabilités liées à sa position de mère, elle est également préoccupée par sa propre santé. Elle le fait pour s'assurer que ses enfants sont pris en charge. À mon avis, cela est vrai pour toutes les cultures et pour toutes les religions du monde. La capacité des plantes à se régénérer en a fait la source de vie de nos écosystèmes florissants aujourd'hui, car elles sont considérées comme les nourrices d'une vie rajeunie et la source de vie d'un environnement florissant. Au fil des siècles, des hommes et des femmes du monde entier ont été des écrivains, des guerriers, des poètes, des historiens et d'autres personnages historiques. Dans différentes situations et tout au long de leur vie, nous avons vu ces personnages comparer à plusieurs reprises l'amour absolu à leur mère et à leur propre mère. Tout au long de l'histoire, les gens ont souvent établi des comparaisons avec des choses similaires entre elles. En identifiant l'exemple d'une mère aimante comme exemple du message de Dieu dans la Bible, nous pouvons voir que l'inspiration que Dieu essaie de transmettre est renforcée dans plus d'un cas. On pense que Jésus a fait cela pour réconforter et apaiser ses disciples en cas de besoin en soutenant ceux qui en avaient besoin et en leur apportant du réconfort. Au fond, le dévouement d'une mère à ses enfants est l'un des exemples les plus exemplaires de la vie d'un héros qui possède une vertu pure et digne, qui est l'amour qu'elle leur a donné.

Indicatrices

Comme dit précédemment, les femmes sont socialement considérées comme un outil puissant pour changer le destin des nations. Elles peuvent élever des hommes et des femmes de calibre estimé en nourrissant les facettes viables de leur personnalité. Lorsque les civilisations ont survécu grâce à la force de leurs hommes et grâce à des conquêtes transfrontalières, les femmes étaient considérées comme précieuses pour aider les soldats au cours de leurs premières années. De plus, les dirigeants influents ont vu les femmes, en particulier les mères, comme des personnes capables de façonner l'esprit d'un enfant en fonction de n'importe quelle exigence.

Bien qu'ils soient fortement basés sur les différences entre les sexes, le fait que les femmes étaient considérées comme essentielles à l'éducation d'un enfant est resté dans les mémoires à travers l'histoire. La célèbre citation de Napoléon, "*Donnez-moi une bonne mère, et je vous donnerai une bonne nation.*" signifie comment les femmes en tant que mères étaient perçues par la société en temps de guerre et d'insécurité. Par conséquent, le rôle des femmes en tant qu'éducatrices dans le passé a été une source de changement et de stabilité importants.

Épouses

Les trois rôles des femmes en tant que mères, épouses et filles sont innés et constituent la base de leurs rôles de genre actuels. Pourtant, parmi toutes les perspectives historiques et sociales, le rôle des femmes en tant qu'épouses est le plus controversé. La plupart des mouvements féministes non seulement critiquent sa base religieuse, mais la blâment pour notre société patriarcale.

« De même, les femmes âgées doivent avoir un comportement respectueux, et non des calomniateurs ou des esclaves de beaucoup de vin. Elles doivent enseigner ce qui est bon, et ainsi former les jeunes femmes à aimer leurs maris et leurs enfants, à se contrôler, à être pures, à travailler dans le foyer, bons et soumise à leurs maris, afin que

la parole de Dieu ne soit pas insultée. » --
Tite 2 :3-5

Si l'on peut admettre la notion de préséance entre hommes et femmes dans le christianisme, la perception reste assez unidimensionnelle. Malheureusement, c'était la valeur chrétienne la plus fondamentale des siècles précédents, façonnant ainsi les perspectives sociales de l'époque. Ce verset et plusieurs autres comme celui-ci suscite toujours le débat sur les différences entre les sexes et les différences entre les sexes. Outre la controverse qui fait rage autour de l'épouse chrétienne exemplaire, plusieurs autres civilisations et pays célèbrent leurs reines.

L'Égypte a eu plusieurs reines puissantes dans le passé. Certaines d'entre elles étaient les épouses de pharaon au pouvoir et ont pris la relève plus tard, tandis que d'autres régnaient côte à côte avec leurs maris. De 1458 avant JC à 1508 avant JC, Hatchepsout était considérée comme le pharaon le plus puissant et le plus prospère de sa vie. Elle a réalisé plusieurs projets de construction et monté ses armées au Levant, en Syrie et en Nubie. Elle était une force avec laquelle il fallait compter et était exceptionnelle avec ses talents. Cléopâtre est une autre femme égyptienne qui a maintenu sa régence pendant près de trois décennies malgré son partage avec différents hommes.

Les matriarches du Passé

La plupart des perspectives sociales que j'ai mentionnées sont influencées par les différences entre les sexes et les rôles de genre récemment attribués. Aussi longtemps que l'histoire l'atteste, nous voyons des femmes traitées de diverses manières comme des reines ou des faibles en fonction de leurs différences sexuelles. D'une manière ou d'une autre, les hommes de différentes époques ont toujours usurpé le pouvoir de déterminer quelles capacités sont plausibles et lesquelles sont rechargeables. Même avec ce favoritisme flagrant, les femmes ont toujours brillé sans abandonner leur nature. Par exemple, Marie-Thérèse d'Austin a régné pendant près de quarante ans sur une partie de l'Europe. Elle a travaillé sans relâche pour faire progresser l'éducation et a élevé des héritières louables comme la reine de France, Naples et la Sicile.

La citation, « *Derrière chaque homme qui réussit, il y a une femme* », est pertinente pour le fils de l'impératrice douairière Cixi. Avec l'aide de sa mère, il a régné sur la Chine pendant près de cinq décennies et a fait des pas de géant dans la technologie institutionnelle et militaire. Une autre femme régente historique était Catherine la Grande, qui a renversé son mari pour régner sur la Russie pendant trois décennies et demie. En raison des victoires qu'elle a remportées sur l'Empire ottoman et de l'expansion géographique qu'elle a accomplie, son règne a été décrit dans l'histoire comme l'âge d'or de l'Empire russe.

Les Matriarcats Survivants

Par rapport au passé, nous voyons moins de matriarcats au 21e siècle.

A Khasi, en Inde, seules les femmes sont responsables des enfants et de la nourriture sur la table. Les hommes sont exemptés de toutes les réunions sociales et n'ont pas le droit d'intervenir dans la prise de décision. Les habitants d'Akan, au Ghana, travaillent sur le principe du matriclan ; la lignée féminine décide de tout, de leur héritage à leur identité.

La résidence de Minangkabau, en Indonésie, est actuellement le plus grand matriarcat, composé de quatre millions de personnes. Ils considèrent les femmes comme des acteurs centraux de leur société et leur laissent libre cours à toutes les affaires domestiques. Bien que le mariage soit sacré, les femmes préservent leur corps et leur intimité en dormant dans des dortoirs séparés. Peu d'autres ont survécu au changement patriarcal dans notre société et n'ont pas l'intention de changer de sitôt.

Le Passé et le Présent

En revanche, il y avait plus de matriarcats dans le passé qu'on ne le voit aujourd'hui malgré les circonstances défavorables. Les personnalités historiques féminines éminentes ont toujours militarisé leurs qualités innées pour régner sur leurs sujets. La plupart des matriarcats honorent les rôles inhérents aux femmes au lieu de se rallier contre eux comme le féminisme moderne. Tout le monde sait que les rôles de genre favorisent les hommes plus que les femmes et sont à la base de notre système patriarcal. Au lieu d'utiliser leurs forces comme les hommes, les femmes se battent souvent contre leurs forces. Tous les matriarcats ont un modèle sous-jacent ; ils exploitent leurs différences sexuelles comme un outil pour exceller et régner. Il est temps que les porte-drapeaux du féminisme réalisent la nette anomalie dans leur approche.

6

Société des Chasseurs-cueilleurs et égalité

POUR L'AVANCEMENT ET L'ÉVOLUTION sociale, notre monde est encore fondamentalement patriarcal. En règle générale, le pouvoir, les privilèges et les opportunités se retrouvent plus facilement entre les mains des hommes qu'ils ne le font pour les femmes. Peut-être, selon de nombreux observateurs, la vie des femmes au XXIe siècle est-elle plus confortable que celle des femmes des siècles précédents ? Dans le passé, les femmes n'avaient pas le droit de voter, d'hériter ou de recevoir une éducation. Aujourd'hui, ce rêve s'est réalisé pour eux. Le patriarcat est si profondément enraciné dans notre société qu'il serait facile de croire qu'il s'agit d'un ordre naturel. Cependant, un examen plus approfondi de l'ère préhistorique qui a commencé plus de 12 000 ans plus tôt indique une histoire différente.

Une perspective biaisée

Comme le prouve la science, les hommes ont en moyenne 15% de poids en plus que les femmes et sont plus aptes au travail manuel que les femmes. Sur la base de faits scientifiques similaires et de différences biologiques, les anthropologues et les archéologues se sont concentrés sur les aspects masculins des choses tout en recherchant et en formulant des théories. Par exemple, avant les années 1990, le concept dominant sur les chasseurs-cueilleurs de l'ère paléolithique expliquait les hommes comme des chasseurs machos qui utilisaient leurs lances pour tuer des mammouths géants et d'autres animaux tout aussi dangereux pour nourrir leurs femmes et leurs enfants. En conséquence, cela se produit lorsque des conservateurs déterminés à maintenir « l'ordre naturel » des choses et laissent leurs préjugés envahir la recherche objective. Ils ne pouvaient pas imaginer que les femmes du Paléolithique feraient autre chose que d'allaiter leurs enfants et de choisir les pièces de rechange.

Il a été déterminé que leurs théories odieuses et leurs spéculations sauvages, aussi offensantes qu'elles puissent paraître, ont pris une importance supplémentaire après avoir découvert qu'elles étaient tombées sur plusieurs figurines de femmes sensuelles qui expliquaient certaines de leurs croyances. Les chercheurs ont spéculé si les objets de collection présentaient une signification symbolique, telle que la fertilité, la reproduction ou une autre bénédiction pour les sculpteurs. D'après les preuves présentées, il ne semble pas déraisonnable de supposer que l'archéologie, comme toutes les autres disciplines, est dominée par les hommes. Un homme du 21e siècle n'a pas oublié de respecter ses ancêtres pour leur contribution à la masculinité. Un scientifique a utilisé les hommes comme exemple d'évolution pour expliquer l'évolution, qui s'est avérée être le dernier clou dans le cercueil. Les auteurs décrivent l'évolution comme l'évolution des humains de chasseurs masculins à fabricants d'outils, conduisant au système patriarcal actuel. Cependant, la vérité est bien plus complexe que les conservateurs ne semblent vous le faire croire.

Dévoiler la Vérité

L'absence d'une approche globale des études anthropologiques passées s'est toujours avérée problématique pour les nouveaux chercheurs à travers l'histoire. Comment se fait-il, par exemple, que lorsqu'une œuvre d'art ou un outil est découvert, on présume que l'homme en est le créateur ? Comment croyait-on que les femmes des sociétés paléolithiques étaient trop occupées pour jouer un rôle significatif parce qu'elles étaient occupées à s'occuper de leurs enfants ? D'ailleurs, la fameuse question féministe, « pourquoi les appelle-t-on chasseurs-cueilleurs » et non « cueilleurs-chasseurs » appelle une réflexion critique ? déterminer quel rôle est le plus important ?

Il n'y avait aucun moyen de savoir qui avait dessiné sur les panneaux rocheux de la grotte de Lascaux en France ou sculpté les voluptueuses figurines féminines trouvées à Dolní Věstonice à l'époque. Compte tenu de l'hypothèse selon laquelle les femmes n'ont pas le temps de contribuer à l'évolution humaine en raison d'une calcification misogyne séculaire, sommes-nous capables d'ignorer leur temps inlassable en tant que mères ? L'une des nombreuses déchirures de la vision anthropologique biaisée des rôles de genre a été la découverte de pochoirs à main vieux de 41 000 ans trouvés dans la grotte espagnole d'El Castillo. Ce n'est qu'un exemple, mais si les anthologues et les scientifiques des siècles passés rendaient justice à leur profession, ils trouveraient plus que quelques empreintes de la contribution des femmes à notre culture, notre société et notre culture.

Femmes dans la Société des Chasseurs-cueilleurs

Les hommes des sociétés de chasseurs-cueilleurs n'étaient pas invincibles ou indépendants, comme l'avaient suggéré plus tôt des anthropologues qui avaient vécu dans des périodes antérieures. En tant que preuve auparavant invisible des surfaces de chasse au filet, il devient évident que les hommes du Paléolithique ne se contentaient pas de chasser de près. La chasse au filet est communautaire car elle implique la contribution des femmes et des enfants. Cette découverte à elle seule remet en question l'interprétation stéréotypée selon laquelle les hommes du Paléolithique sont les seuls pourvoyeurs de la communauté.

Même lorsque la plupart des modèles évolutionnistes adhèrent à une dichotomie stricte dans l'interprétation des rôles de genre, les similitudes entre les rôles des hommes et des femmes ne peuvent pas être surestimées. Les hommes et les femmes installaient des filets de pêche le long de la côte ou utilisaient d'autres méthodes de chasse ; qui convenaient à leur époque. Dans les sociétés de chasseurs-cueilleurs, la cueillette de plantes sauvages, de fruits et d'herbes médicinales était généralement le domaine des femmes, mais les hommes pouvaient parfois participer si l'occasion l'exigeait. Il était également vrai que les hommes du Paléolithique n'hésitaient pas à demander de l'aide à leurs homologues féminines. Lors des voyages de chasse, les femmes les aidaient en leur fournissant des informations sur l'emplacement des proies potentielles. Leurs compétences étaient particulièrement bien adaptées aux méthodes de chasse à distance qui impliquaient de construire des pièges et des collets pour capturer un gibier ; qui ignorait leur présence. Ils ont également collecté de petits animaux, des oiseaux, des rongeurs et des insectes à la main sans l'aide de mâles.

Les femmes aidaient à attirer le jeu dans leurs filets à un moment donné lorsqu'elles agissaient comme batteuses. Dans d'autres cas, ils peuvent avoir mené eux-mêmes la chasse au filet, selon leur lieu de résidence et leur situation actuelle. Comme ils voyageaient en petits groupes et ne restaient pas très longtemps au même endroit, leurs techniques de chasse changeaient d'un endroit à l'autre. Les évolutionnistes ont incorporé ces changements pour modéliser l'évolution du comportement de chasse. Plusieurs des techniques de chasse traditionnelles sont encore utilisées par de nombreuses communautés de chasseurs et de cueilleurs aujourd'hui. On a émis l'hypothèse que les femmes semblent prendre les devants dans les zones côtières et les endroits où le petit gibier est abondant dans les communautés de femmes chasseurs-cueilleurs. La pénurie alimentaire a été identifiée comme un défi physique pour les femmes.

Différentes Stratégies de Subsistance

Une dissection plus approfondie des communautés de chasseurs-cueilleurs révèle que les hommes et les femmes s'appuyaient sur des stratégies de subsistance différentes malgré des rôles qui se chevauchaient. Les femmes préféraient un travail qui garantissait des rendements rentables et qui était fiable. Ils n'étaient pas favorables à la variance ou aux emplois à haut risque, car leurs intérêts dépassaient leur ego. Alors que les hommes s'occupaient des personnes qui dépendaient d'eux pour leur nourriture et leur survie, ils avaient des instincts primaires qui les poussaient à se rallier pour des chasses à enjeux élevés avec des rendements substantiels quoique peu fiables. De nombreux anthropologues tiennent compte de la biologie ici, bien que d'autres blâment la compétitivité des hommes pour leur impétuosité passée, un schéma qui perdure encore aujourd'hui. Il n'y a aucune preuve psychologique ou biologique pour prouver que les femmes n'aiment pas le travail collaboratif ; au contraire, certaines études montrent que les femmes sont plus axées sur l'équipe que les hommes, mais rien ne vaut la peine d'être cité.

Le changement et les germes du patriarcat

Dans la communauté des chasseurs-cueilleurs, les femmes étaient essentielles pour maintenir le système communal en ligne. De plus, contrairement à aujourd'hui, elles n'avaient pas à quitter la maison de leurs parents après le mariage pour vivre avec leur mari. Au lieu de rôles de dominance, les accords de résidence patrilocale étaient basés sur la faisabilité. Je vois le patriarcat comme le fondement des arrangements actuels de résidence patrilocale. Il est considéré comme humiliant pour un homme d'emménager avec sa femme au lieu de l'inverse. La transmission de l'héritage n'était pas non plus centrée sur les hommes dans le passé. Les femmes étant considérées comme la source de la fécondité, la transmission des lignées ancestrales avait du sens pour les groupes nomades. En raison de la nature de leur activité, les femmes des groupes de chasseurs-cueilleurs avaient le choix de se séparer des autres qui ne les valorisaient pas où les opprimaient. S'éloigner de l'injustice et de la toxicité était beaucoup plus pratique pour eux que jamais auparavant.

Donc, si les groupes de chasseurs-cueilleurs s'appuyaient tellement sur l'égalité, où tout cela a-t-il mal tourné ? Il y a environ 12 000 ans, lorsque les nomades ont commencé à s'installer, à adopter des pratiques agricoles et à mettre en place des systèmes égalitaires, ils ont laissé les femmes derrière eux. Avec les restrictions territoriales est venue la nécessité de protéger les ressources vitales pour la survie d'une communauté. La puissance musculaire est devenue une marchandise respectée alors que les gens cherchaient à défendre leurs frontières contre les clans en guerre. Le travail était plus axé sur les muscles, et même si les femmes étaient encore essentielles pour le fonctionnement global des communautés agricoles, leur importance était considérablement diminuée. Une étude comparant la force des bras des femmes, il y a 12 000 ans et celle des rameurs olympiques d'aujourd'hui montre que les femmes de cette époque étaient plus motivées que la plupart des hommes d'aujourd'hui. Pourtant, les hommes de cette époque prenaient très au sérieux le passage de la chasse à l'agriculture dans tous ses aspects. Les lois sur l'héritage ont changé et bientôt les femmes ont été de plus en plus poussées dans le baril uniquement parce que la biologie favorisait les hommes en force. Les hommes ont décidé, en conséquence, qu'il n'était pas possible pour une femme de faire toutes les tâches qu'un homme pouvait faire et de s'occuper simultanément des enfants et de la maison. Bientôt, leur contribution à la communauté autour de la mouture des céréales, du travail sur les fours, de la préparation des aliments et de plusieurs tâches ménagères similaires est devenue un travail de grognement rechargeable.

Je vois le passage de la chasse à l'agriculture comme la raison du patriarcat en plein essor d'aujourd'hui. Au début, il n'y avait pas de « rôles de genre », les gens faisaient ce qui était pratique et faisable pour le bien-être des groupes. Ainsi, dire que le système patriarcal actuel est « l'ordre naturel » des choses n'est rien d'autre qu'une autre tentative de minimiser le rôle des femmes dans la société.

7

Progression du patriarcat et situation actuelle

D'ABORD APPELÉS TRIBUS NOMADES à l'âge de pierre, les chasseurs-cueilleurs se sont structurés il y a environ 12 000 ans. La variabilité humaine est analysée dans chaque étude anthropologique qui utilise les chasseurs-cueilleurs comme discipline principale. Sans les études qui tournaient autour de ces groupes et de leurs caractérisations, le domaine de l'anthropologie n'aurait pas prospéré.

C'est l'une des représentations les plus anciennes et les plus célèbres de chasseurs-cueilleurs qui les dépeint soit comme des « sauvages pacifiques » soit comme des « brutes solitaires », il n'y a pas de représentations au milieu.

Malgré deux caractérisations distinctes, le nœud de l'argument reste que les chasseurs-cueilleurs étaient des bêtes féroces qui se souciaient de survivre plus que toute autre chose. Le stéréotype les considère également comme des chasseurs de jeux inintelligents, ce qui est en quelque sorte un oxymore. Une société intelligente qui connaît bien le pistage, la chasse, la cueillette et la personnalisation de ses outils ne peut jamais être inintelligente. Ces postulats rationnels deviennent la base de la caractérisation de Sahlin des chasseurs-cueilleurs comme une société intelligente, pacifique et productive qui ne se livre pas uniquement à des activités de subsistance.

Les preuves historiques prouvent que les chasseurs-cueilleurs n'étaient ni pacifistes ni abruptement agressifs. Ils n'avaient ni terres ni frontières à protéger, donc ils n'avaient rien sur quoi être territoriaux, mais le conflit n'a pas cessé d'exister. La survie étant une exigence vitale pour leur société, les ressources environnementales alimentaient la plupart des conflits intergroupes. Par exemple, les ossements de vingt-sept personnes, dont des femmes et des enfants, retrouvés à Nataruk font allusion à l'un des plus anciens massacres de l'histoire humaine. Cela pourrait très bien être la première preuve d'une guerre humaine. Cela ressemblait à un conflit entre deux groupes de chasseurs-cueilleurs sur les ressources. Si ce n'est pas les deux, au moins un côté a lancé une attaque planifiée avec des lanceurs qui comprenaient des pointes de flèches et des lances en pierre. Les ossements de deux individus montrent qu'ils étaient ligotés au moment de l'attaque, et l'un d'eux était une femme enceinte.

La raison derrière l'établissement des chasseurs-cueilleurs en tant que société capable de violence était impérative pour expliquer la montée du patriarcat tel qu'il repose sur le besoin des hommes d'être meilleurs que leurs homologues féminins. Même en examinant les modes de vie humains les plus innés, personne ne peut affirmer que le patriarcat est un phénomène naturel.

Malgré la nature instable et les penchants violents des hommes, les sociétés ont prospéré grâce à la collaboration et à la coopération, choisissant la violence uniquement lorsqu'elle menaçait leur survie. Du moins, c'est la théorie qui a été largement acceptée. Cela signifie que le patriarcat était culturellement cultivé et n'était pas inné ou inévitable. Ceux qui croient aux rôles basés sur le genre et utilisent la biologie et l'anatomie pour prouver que les hommes sont supérieurs aux femmes verront cette théorie comme contraire à tout ce qui leur est cher. Alors que les féministes pensent qu'une société patriarcale était un complot diabolique d'hommes qui a commencé il y a des centaines d'années, la réalité est loin d'être la même. Les preuves historiques montrent que les deux sexes ont cultivé ce système très biaisé qui favorise les hommes de manière illégitime. La culture est devenue intentionnelle au cours des derniers siècles, les hommes refusant de renoncer à leurs avantages et à leurs droits.

Le Début du Conflit

Comme mentionné dans le chapitre précédent, il était facile pour les femmes ou les individus de tout sexe de se retirer d'un groupe qui ne les traitait pas convenablement. Selon les anthropologues, le processus comprend deux parties principales : la fission et la fusion. Les individus se retireraient d'abord d'un groupe (fusion) avant de rejoindre un autre groupe (fusion). La pratique était facile à mener à bien et la migration faisait partie intégrante des sociétés de chasseurs-cueilleurs. Mais avec le temps, la mobilité et la migration se sont restreintes, de sorte que différentes tribus ont commencé à vivre à proximité les unes des autres. Une sorte de système égalitaire se met en place alors que la chasse et la cueillette restent un mode de survie impératif pour ces sociétés.

Avec l'acquisition des terres est venu le besoin d'établir les frontières et de créer des relations inter-tribus. Initialement, les conflits entre deux tribus étroitement placées faisaient partie de la norme jusqu'à ce que la fission et la fusion prennent un aspect plus raffiné. Les mariages entre deux tribus étranges sont devenus une partie des offrandes de paix, entre autres. Dans l'histoire des relations intertribales, les unions ont forcé les femmes à s'éloigner de leurs parents et des maisons qui déterminaient les relations intra-tribales. Puisqu'elles étaient les principales gardiennes de leurs enfants à une époque où la mortalité infantile était supérieure à 75 %, les devoirs fondés sur le sexe dans ces communautés en évolution sont devenus plus prononcés.

Le rôle principal des femmes en tant que cueilleurs a été éclipsé par leur rôle de mères. Un examen plus approfondi de la maternité nous apprend que les femmes ont toujours dû faire des efforts supplémentaires pour s'acquitter de leurs fonctions. Ils devaient subvenir aux besoins de leurs enfants malgré leurs déplacements continus et l'exercice de leurs fonctions de cueilleur. Les anthropologues concluent que les femmes ne se sont pas opposées à être expulsées de leurs maisons en raison d'alliances matrimoniales parce qu'elles voulaient faciliter les choses pour leur tribu. Leur coopération pour le plus grand bien de la communauté était perçue comme une faiblesse par les mâles. Les premiers filaments du droit des hommes ont pris racine ici.

Création du Patriarcat

À l'heure actuelle, il est de notoriété publique parmi les anthropologues que les graines du patriarcat ont fleuris lorsque les chasseurs-cueilleurs sont passés à l'agriculture. Le changement s'est déroulé progressivement sur plusieurs années et s'est appuyé sur certaines des croyances patriarcales les plus courantes. Les femmes sont devenues des « productrices de vie », ce qui signifie que leurs rôles se sont limités aux tâches domestiques comme les tâches ménagères et la maternité, tandis que les hommes étaient considérés comme des « producteurs de biens ». Ce clivage basé sur le genre dans les rôles a créé le premier de nombreux systèmes patriarcaux, donnant aux hommes des privilèges politiques et sociaux. Ils contrôlaient la terre, le gibier, les récoltes et tout ce sur quoi ils « travaillaient ». Les femmes ont été mises de côté à mesure que leur rôle dans les sociétés agricoles devenait insignifiant. Elles étaient principalement chargées de rendre les choses opérationnelles à la maison et de respecter les rôles définis par les hommes. Au fil du temps, les hommes sont devenus plus confiants dans leur compréhension des rôles nouvellement cultivés et ont vu leur contribution à la société nouvellement établie comme plus productive et nécessaire que les femmes.

La psychologie humaine nous oblige à nous désengager de notre passé et à réformer notre état d'esprit face à des situations difficiles. En tant que système, le patriarcat a évolué à l'aide de la même dissociation psychologique alors que l'humanité considérait l'agriculture comme une entreprise bénéfique. Les hommes ont assumé les rôles qui, selon eux, nécessitaient de la force – presque tous les postes liés à l'agriculture sont axés sur les muscles – et ont commencé à s'occuper du surplus de travail. Ils ont fini par faire la plupart des choses dans la communauté, ce qui leur a en quelque sorte donné le droit de contrôler le reste de la communauté. La contribution des femmes aux questions qui nécessitaient une discussion pour un verdict est devenue inexistante.

Avant l'agriculture, les communautés de chasseurs-cueilleurs manquaient de système de stratification ou de prestige social. Tout le monde utilisait tout selon ses besoins et sa commodité et comme ils ne restaient pas longtemps au même endroit, rassembler quoi que ce soit de valeur sociétale semblait inutile. Les nouvelles sociétés agricoles avaient ce que les systèmes communautaires antérieurs n'avaient pas, c'est-à-dire la terre et la stabilité.

Ce n'était qu'une question avant que le prestige social et la stratification ne fassent partie de leur mode de vie réformé. Puisque les hommes avaient le contrôle sur la terre et les biens, ils jouaient naturellement des rôles influents dans la société. Au fil des siècles, un système s'est développé à cause des instincts de survie perpétrés sur le besoin des hommes de se sentir en droit d'être et de faire « plus » pour la société.

Le Patriarcat Expliqué

Un système social où les hommes ont le pouvoir ou la domination dans toutes les sphères de la vie s'appelle le patriarcat. Cela comprend tout, de la politique, de l'économie et du divertissement à la police morale. Dans les chapitres précédents, nous avons déjà établi que les rôles de genre ne sont pas les mêmes que les distinctions sexuelles, renforçant la logique selon laquelle les rôles de genre peuvent céder la place aux disparités sociétales. Les rôles de genre sont le principal point de division dans chaque culture et sont à la base de la stratification et des classements sociaux. Même l'origine du patriarcat il y a tous ces siècles a commencé à partir des rôles de genre ; par conséquent, on peut supposer que les rôles de genre légitiment le droit des hommes à chaque période ou époque.

À l'heure actuelle, les hommes argumenteraient contre un système patriarcal mondial en comparant les droits des femmes au 21e siècle avec ceux du 20e ou du 19e. Ils diraient que les femmes ont maintenant le droit de vote, d'héritage et de propriété, etc., sautant sur le débat de savoir qui a donné aux hommes l'autorité de décider de leurs droits en premier lieu. Le fait que les hommes soient ceux qui choisissent ce que les femmes peuvent ou ne peuvent pas faire est fondamental pour le fonctionnement du patriarcat. Par conséquent, toute personne qui a des avantages ou des privilèges injustes par rapport à une autre ne voit pas les avantages de ses avantages car ils sont si intrinsèques à sa vie. Selon cette étude, le privilège blanc est invisible pour la plupart des Blancs, en particulier au 21e siècle, inventant des termes comme « fragilité blanche ». Personne ne veut accepter qu'il ait eu la vie « facile » en raison de son sexe, de son origine ethnique ou de sa race. Ils vous diront comment ils ont tout autant lutté pour arriver là où ils sont aujourd'hui. Cependant, leurs luttes sont survenues à cause des circonstances et pas nécessairement en raison de leur sexe.

Le concept de patriarcat est fermement enraciné dans le foyer lorsque les parents attribuent des rôles spécifiques à leurs enfants. Les femmes sont censées être attentionnées et compréhensives, tandis que les hommes ont tendance à être athlétiques ou protecteurs. Comme l'expression « les garçons ne pleurent pas » ou « ne pleure pas comme une fille » est souvent lancée avec insouciance, les garçons sont entraînés à être émotionnellement incompétents. A ce sujet, les parents dictent fréquemment aux filles ce qu'elles doivent et ne doivent pas faire pour paraître plus féminines. Dans un sens, nous sommes mieux arbitrés aujourd'hui qu'au 20e siècle, lorsque les filles étaient formées pour être « féminines » par des écoles spécialisées qui se concentraient sur l'enseignement aux filles des différentes façons de devenir des épouses et des mères responsables. En revanche, les hommes ont appris des compétences adaptées à leur sexe, tandis que les femmes ont appris à maintenir leur vertu et à sourire poliment. Certains parents enseignent encore à leurs filles les mêmes leçons en utilisant une approche réformiste dans diverses parties du monde.

Patriarcat des temps modernes

Le monde dans lequel nous vivons favorise toujours les hommes et est fondamentalement patriarcal. Cependant, certaines choses doivent être mises en perspective lorsque l'on considère ce qu'il était il y a cinquante ans par rapport à ce qu'il est maintenant. Les femmes ont maintenant des plateformes où elles peuvent exprimer leurs opinions, ce qui était tabou il y a quelques centaines d'années. Même si nous voyons que les femmes jouèrent un rôle décisif dans la politique mondiale, la mentalité patriarcale est toujours intacte à l'échelle mondiale. Des femmes comme Jacinda Ardern, la plus jeune PM de Nouvelle-Zélande qui a fait face à une pandémie, à une attaque terroriste et à une éruption volcanique pendant son mandat tout en portant et en donnant naissance à sa fille, sont une source d'inspiration.

Historiquement, les femmes ont occupé des postes de premier plan en Égypte, en Chine et en Europe, mais leur fréquence a été faible.

Même de nos jours, nous avons des femmes qui montrent la voie en changeant les marées de notre société, mais certaines cultures sont intrinsèquement patriarcales au niveau du sol. Prenons l'exemple de la Corée du Sud, où le système judiciaire favorise toujours les hommes en cas de harcèlement sexuel. Un homme a cogné la tête de sa petite amie et l'a piétinée lorsqu'elle a refusé d'avoir des relations sexuelles avec lui pendant ses jours de menstruation. Le tribunal lui a infligé une peine clémente car il n'avait pas de casier judiciaire depuis 2014. Ils n'ont pas été libérés pour leur première infraction, mais pour être abstinents depuis sept ans. Les personnes qui fument de l'herbe et de la marijuana écopent de plus d'années de prison que les hommes qui publient des vidéos douteuses de leurs partenaires sans leur consentement en Corée du Sud.

L'aspect superficiel suggère que les femmes parlent plus fort et plus fréquemment qu'elles ne l'ont jamais fait dans certains pays. Cependant, le fait est que dans d'autres pays, les femmes sont également incapables de faire entendre leur voix en raison du patriarcat.

8

La Racine de toutes les Relations Sociétales

DANS LE CADRE DES chapitres précédents, nous pouvons dire que les hommes et les femmes ont été des contributeurs à peu près égaux au développement social et économique tout au long de l'histoire humaine. Les rôles de genre ont fait partie de notre décorum pendant la plus grande partie de l'histoire, mais c'est le rôle des femmes qui a évolué de manière irrévocable. Alors que les hommes ont toujours occupé des rôles influents et décisifs dans l'organisation sociale, les femmes ont eu du mal à trouver leur place à chaque fois que la société a progressé.

L'importance historique des femmes a survécu à la controverse entourant les mouvements d'autonomisation des femmes. Les femmes sont restées l'élément déterminant pour déterminer le cours de l'histoire humaine. Dans le passé, le statut de la communauté a été dicté par les attitudes culturelles, les croyances religieuses, les traditions folkloriques et, ces dernières années, l'industrialisation et la révolution technologique. Par exemple, lorsque les groupes nomades ont ressenti le besoin de se sédentariser et de revenir à l'agriculture, de nombreuses femmes de cette période ont cessé leur implication convoitée dans la société.

Plus précisément, la participation des femmes à la population active a contribué de manière significative à faire avancer la révolution industrielle. Compte tenu de ces quelques exemples, il est évident que les femmes étaient au centre des relations sociales. Une partie de leurs rôles « traditionnels », comme la maternité, n'a jamais été sacrifiée pour maintenir les composantes culturelles et sociales qui définissaient leur existence.

Les Femmes et la Maternité

Contrairement à la croyance populaire, l'amour et les soins qui accompagnent le fait d'être mère ne sont pas exclusifs aux femelles de l'espèce. Le désir d'aimer et de prendre soin de leurs bébés vient naturellement aux femmes en raison des hormones gestationnelles libérées dans leur corps. Mais selon les recherches de Sarah Blaffer Hrdy, l'instinct de nourrir peut-être cultiver chez les deux sexes par l'exposition. Une femme peut rester détachée d'elle en ne répondant pas aux signaux déclenchés par les changements hormonaux dans son corps. Ainsi, les transformations psychologiques associées à la parentalité sont à la fois innées et acquises. C'est pourquoi l'adoption et la maternité de substitution restent des options viables pour de nombreux couples.

De toute évidence, ces observations sont devenues pertinentes à notre époque moderne. Historiquement, lorsque les hommes travaillaient dans des fermes ou passaient du temps à chasser dans la nature, ils n'avaient pas autant de chance avec leurs enfants que leurs mères. Il semblerait que leurs instincts nourriciers étaient insuffisants pour répondre aux exigences d'une mère qui passait presque chaque minute de la journée à porter et tenir son enfant. Par conséquent, leur transformation psychologique était beaucoup plus raffinée que celle d'un homme plus soucieux de subvenir aux besoins et de survivre que de nourrir.

Cette tendance se poursuit encore aujourd'hui, malgré les aspirations professionnelles et les apports économiques des femmes, alors qu'elles luttent pour leur statut social et leurs responsabilités maternelles. Indépendamment du succès qu'une mère peut avoir dans sa carrière ;

elle ne pourra probablement jamais se retirer de sa fonction maternelle.

Certains hommes trouvent plus facile de se détacher de leur famille et de se concentrer sur leur profession. Néanmoins, il peut être difficile pour certaines femmes de faire passer leurs intérêts personnels avant leurs obligations familiales. Nous devons toujours tenir compte à la fois de l'environnement économique et du niveau de vie dans les pays industrialisés et en développement. En d'autres termes, une théorie qui pourrait être valable dans un pays, ne veut pas dire qu'elle va être appropriée dans un autre pays. Fait intéressant, les femmes des pays développés contribuent activement au développement économique de leur pays, tandis que les femmes des pays en développement restent limitées par les rôles traditionnels des sexes. Des recherches récentes sur les femmes des pays industrialisés suggèrent que les femmes de la génération ajournent la procréation principalement en raison de problèmes de carrière. À la suite de la récession de 2007, leurs attitudes envers la vie ont été radicalement modifiées, ce qui les a amenés à se préoccuper davantage de leur sécurité financière.

Pourtant, malgré ces désavantages, les femmes continuent d'avoir la réputation d'être des figures parentales plus fiables en raison de leur participation active à la vie de leurs enfants. Malgré cela, les femmes des pays en développement ont toujours tendance à sacrifier leurs ambitions et leur carrière pour assurer le bien-être des membres de leur famille et de leurs enfants. Bien que les femmes des pays industrialisés prennent la maternité et élèvent leurs enfants avec la même importance, elles sont très différentes que les femmes des pays en développement. Même si nous ne tenons pas compte des facteurs socio-économiques et des différences générationnelles, les femmes d'hier et d'aujourd'hui ont des expériences très similaires lorsqu'elles portent une grossesse, accouchent et élèvent des enfants.

Les Femmes étant Directrice

Comme mentionné précédemment, alors que les hommes ont le luxe de s'éloigner des engagements familiaux et de sauter les réunions sociales, les femmes ne peuvent pas se permettre de le faire. Dans la plupart des pays, les femmes sont responsables de l'organisation de la nourriture, des cadeaux pour les occasions spéciales et de l'événement général s'il y a des vacances ou un festival autour. Il est courant que très peu d'hommes planifient à l'avance ou se préparent beaucoup avant de commencer tout travail qui leur est confié. Nous pouvons affirmer avec certitude que les femmes du ménage surveillent ce qui se passe dans l'arrondissement. C'est aussi vrai pour la famille élargie. Cependant, je ne dis pas que les hommes ne participent pas à la société car ils ont leurs propres intérêts et réalisations. Néanmoins, il est admis que les femmes sont plus engagées dans les affaires de leur famille que les hommes. Surtout lorsqu'il s'agit de maintenir des relations sociales avec leurs partenaires, même les hommes qui aiment dominer leurs partenaires comptent souvent sur eux pour y parvenir.

Pendant des siècles, les hommes ont dominé leurs entreprises par leurs compétences et leurs talents, ce qui les a conduits à réussir. La transition des nomades aux agriculteurs, puis à ce que nous appelons la société moderne a en quelque sorte influencé leur vision du monde à travers une lentille de nécessités considérées auparavant comme inaccessibles. En raison du besoin de survivre, ils ont noué des relations, suivi du besoin d'échanger des compétences, et maintenant ils sont en affaires pour faire du profit. Le besoin inné des femmes de conserver les apparences qu'elles possèdent est également la raison pour laquelle elles accordent beaucoup d'attention aux subtilités des relations sociales, contrairement aux hommes. C'est dans leur nature de constamment réfléchir à la façon dont les gens perçoivent leur famille et à la façon dont la famille est perçue par la société pour réussir.

Les femmes des pays développés sont également accablées par de conséquentes responsabilités financières en dehors des responsabilités ménagères. La pression de jongler entre une carrière et un ménage est toujours plus lourde pour les femmes mariées axées sur la carrière. La société patriarcale les considère toujours comme les principaux dispensateurs de soins de leur progéniture, ce qui rend difficile pour eux la gestion de leurs relations sociales et professionnelles.

C'est évident aujourd'hui ; que si vous ne contribuez pas au bien-être économique national, chaque individu devient totalement jetable. Malgré la méchanceté impliquée, cette règle est un autre exemple de la façon dont la société favorise les hommes et renforce les fondamentaux domestiques. Comme les femmes ont déjà été encombrées par des devoirs traditionnels, elles doivent accroître leur prise de conscience de leur importance pour leurs communautés pour leur permettre de devenir indispensables. Comme les règles du travail ne les déchargent pas de leurs responsabilités habituelles, ils sont contraints de gérer ensemble leur vie personnelle et professionnelle. Cela les place dans une situation précaire. Une fois de plus, nous découvrons que les rôles de genre rigides que les femmes doivent remplir sont devenus un fardeau pour elles et poussent leur potentiel à la limite. Même si les femmes sont confrontées à plusieurs limites, elles peuvent faire des managers exceptionnels, en particulier celles qui vivent dans les pays développés et sont capables de gérer à la fois leur vie professionnelle et personnelle.

Un rapport des Nations Unies estime que les femmes représentent 50% des ressources humaines. Ce sont les leaders de leur foyer, mères, filles et épouses. Pourtant, le président de la Nouvelle-Zélande, un membre du Sénat canadien, et plus encore. Dans la plupart des foyers, les femmes gèrent encore les revenus de la famille. Malgré la croyance populaire, les femmes savent ce qu'il faut faire pour gérer leur budget et épargner.

Les Luttes des Femmes pour Maintenir les Relations

On pourrait penser que les femmes sont biologiquement câblées pour faire un double travail ou qu'elles réagissent rapidement aux exigences évolutives de notre société. Cependant, la réalité est un peu différente. Tout comme le désir de nourrir peut-être cultiver, les hommes peuvent s'adapter à différentes situations, comme on le voit dans le cas des pères célibataires. La raison pour laquelle je continue de mentionner le comportement appris et inné, est juste pour éviter toute généralisation. Les femmes en ont été les victimes pendant des siècles, et je ne souhaite pas contribuer davantage à sa promotion.

Ainsi, on peut dire que la pensée actuelle soutient que les femmes sont essentielles au maintien du fonctionnement d'un ménage est absolue. De plus, elles ont contribué à l'économie malgré le jugement et l'examen constants auxquels elles sont confrontées. Au contraire, notre communauté - y compris ceux des pays développés et en développement - n'a pas été tendre avec les femmes. La plupart des femmes ont encore du mal à réintégrer le marché du travail après avoir accouché. Certaines femmes continuent à travailler jusqu'au jour même de leur accouchement. Il est impératif de noter que les talents des femmes sont souvent mis à l'épreuve par leurs familles et leurs communautés. Elles doivent prouver leur valeur dans les nombreux rôles qui leur ont été confiés.

9

Leur Force Émotionnelle

LA PRÉVALENCE DES DIFFÉRENCES cognitives et comportementales entre les hommes et les femmes est étudiée depuis longtemps en neurosciences. Il y a là des influences culturelles et sociales, correspondant aux différences de fonctionnement entre les hommes et les femmes. Il est courant que les chercheurs choisissent de ne pas utiliser les animaux femelles comme sujets de test. En effet, ils aimeraient éviter de faire face à des influences physiologiques pouvant être liées aux hormones de reproduction chez les femmes. Ils n'auraient pas dû éviter cette recherche. Au lieu de cela, ils auraient dû faire des découvertes scientifiques qui auraient révélé à quel point les esprits d'un homme et d'une femme sont différents et en quoi ils se ressemblent. Bien qu'il leur ait fallu des décennies avant de vouloir reconnaître le simple fait que l'esprit féminin est câblé différemment de celui d'un homme. Ce qui précède ne la rend pas moins intellectuellement intelligente.

Les différences de câblage neuronal peuvent être attribuées à une combinaison d'apports hormonaux et de la morphologie du cerveau. Ce sont les principales raisons expliquant pourquoi il y a une telle différence en premier lieu.

Les hormones stéroïdes sexuelles œstrogène et progestérone sont les principales hormones stéroïdes sexuelles présentes chez les femmes, tandis que la testostérone est la principale hormone stéroïde sexuelle chez les hommes. La sécrétion et d'autres variables de croissance associées à ces hormones stéroïdes sexuelles les affectent différemment chez les hommes et les femmes, entraînant des différences de croissance et de développement chez ces individus, y compris des variations du développement cérébral chez certains individus.

Les Différences Expliquées

(The Journal of Neuroscience Research) rapporte que le professeur Irvin pense que le cerveau est fortement symptomatique selon le sexe, montrant des différences entre les structures neuronales des hommes et des femmes. De plus, ces différences se traduisent également par des différences physiologiques dans leur fonctionnement. Outre les effets hormonaux et les différences de développement entre les sexes, l'imagerie cérébrale a montré que les régions cérébrales masculines sont 10 % plus grandes que les régions cérébrales féminines. Cependant, cela n'augmente pas leur potentiel intellectuel. Les hommes et les femmes pensent différemment en fonction de toutes les variables considérées. Ainsi, plutôt que d'être anatomiquement distinctif, la différence réside dans le « câblage ». En ce sens, pour le bénéfice du lecteur, j'ai l'intention d'attirer l'attention sur ce qui suit. Les explications suivantes sont fournies pour votre commodité.

Il y a probablement une raison pour laquelle les hommes ont tendance à avoir une grâce de taille de 10%, et cela implique leurs lobes pariétaux inférieurs. La communauté des chercheurs croyait auparavant que l'hippocampe des femmes, une partie du cerveau associée à l'apprentissage et à la mémoire, était plus gros que l'hippocampe des hommes. Cependant, des recherches récentes ont discrédité cette théorie. Même si l'amygdale du cerveau des hommes - une partie du cerveau qui est liée aux émotions - reste plus étendue que celle des femmes, les hommes ont un cerveau plus étendu, et la composition de la matière grise et de la matière blanche qui détermine la quantité globale de câblage se produisant dans le cerveau.

Le cerveau humain est divisé en matière grise et blanche, la matière grise ayant une nature plus féminine. Bien qu'elles aient plus de matière grise, les femmes utilisent davantage la matière blanche et les hommes font le contraire. On pense que la matière grise est responsable de la perception sensorielle et du contrôle musculaire, tandis que le tissu cérébral blanc est responsable de la connexion des centres de traitement. En conséquence, les hommes sont plus susceptibles d'exceller dans les tâches nécessitant de la concentration, et les femmes sont plus susceptibles de maîtriser le langage et le multitâche.

Pour l'expliquer en chiffres, les découvertes de Richard Haier de l'Université de Californie et de ses collègues de l'Université du Mexique révèlent que les hommes ont 6.5 fois plus de matière grise liée à l'intelligence générale que les femmes. Les chiffres augmentent dans le cas des femmes car elles ont dix fois plus de substance blanche associée à l'intelligence générale que les hommes. Encore une fois, la composition ne rend pas un sexe comparativement plus intellectuel que l'autre ; cela explique simplement la « façon » dont leur processus de pensée et leurs intérêts se manifestent.

Une étude de recherche sur les adolescents explique le « câblage » que je ne cesse de mentionner au cours de la phase de développement. Le groupe test pour cette étude était composé d'hommes et de femmes âgés de 13.5 à 17 ans, et l'étude s'est concentrée sur l'examen de leur développement cérébral. Les résultats ont montré que les différences les plus prononcées dans les cerveaux des hommes et des femmes se manifestaient dans la connectivité inter-hémisphérique. Les femelles ont de fortes connexions entre les hémisphères, en particulier dans le lobe frontal. Cependant, avec le temps, les influences se généralisent.

Les Conséquences des Différences

Il y a plusieurs raisons derrière ces différences. Une explication possible des différences de comportement est que le cerveau contrôle différentes fonctions. De plus, ses connexions neuronales sont également diverses, ce qui pourrait potentiellement expliquer les différences de comportement. Selon la plupart des études, les femmes ont l'avantage sur la plupart des hommes dans presque tous les aspects de la capacité vocale. Ceci est à l'exception des analogies verbales, qui sont considérées comme des indicateurs d'un manque de compétence. Ce sont aussi des écrivains exceptionnels avec d'excellentes capacités de compréhension. Elles surpassent systématiquement certains hommes en termes de vitesse de perception et de coordination motrice ravissante. Il n'est donc pas surprenant qu'elles se classent remarquablement haut dans ces catégories. Le fait qu'elles puissent conserver des informations dans la mémoire à long terme est une autre de leurs caractéristiques distinctives, qui les rend plus aptes à former rapidement des liens émotionnels.

Il est généralement reconnu que les hommes possèdent une capacité accrue à percevoir les indices visuels et spatiaux que les femmes. Leurs calculatrices peuvent calculer les distances des projectiles, les angles et les tailles des objets dans l'espace sous des formes bidimensionnelles et tridimensionnelles. Notre cerveau s'exerce différemment au début de la vie. Et lorsque nous en faisons l'expérience, nous éprouvons fréquemment des différences de connectivité, qui améliorent certaines parties de notre fonctionnement psychologique. Il est possible que les différences entre les cerveaux des hommes et des femmes ne semblent pas si prononcées pour certaines personnes et qu'elles soient peut-être à peine perceptibles dans la vie de tous les jours ; cependant, ces différences ont toujours un impact influent sur la société collectivement.

Par conséquent, les deux sexes ont tendance à succomber à différents troubles psychologiques et maladies déclenchés par ce déséquilibre. Cela produit ce que l'on pourrait appeler un déséquilibre dans l'apparition. Les femmes ont plus tendance à souffrir de dépression et de troubles post-traumatiques (ce qui peut être lié à leur disponibilité émotionnelle). Les hommes se tournent vers l'alcool et la drogue pour faire face aux moments difficiles plus que les femmes et sont plus susceptibles de souffrir de schizophrénie.

Les statistiques montrent également que les troubles d'apprentissage comme la dyslexie troublent dix fois plus les garçons que les filles. La probabilité qu'ils reçoivent un diagnostic de trouble du spectre autistique est de quatre à cinq pour cent. Actuellement, aucune recherche ne blâme les différences biologiques dans le cerveau pour le déséquilibre dans les statistiques des troubles mentaux ; cela pourrait être un domaine approprié à poursuivre à l'avenir.

Importance de la Gestion Émotionnelle

La capacité à gérer ses émotions ne peut être pleinement développée sans comprendre quelles variables composent l'intelligence émotionnelle (IE) d'une personne. Une personne avec une IE élevée peut mieux entretenir des relations interpersonnelles, survivre à un broyage social dans de grands groupes sans devenir incontrôlable et avoir une maîtrise impeccable de son état psychologique. Seuls ceux qui ont une perception aiguë, une compréhension profonde du comportement humain et un œil pour faciliter les émotions des autres en cas de besoin peuvent gérer efficacement leurs émotions. En termes simples, l'intelligence émotionnelle ne peut pas être sans lucidité. Si on ne peut pas comprendre et lire les différentes émotions de la personne à qui l'on s'adresse, on ne peut pas créer de lien avec la personne ni faciliter ses réactions.

Capacité des Femmes à gérer leurs Émotions

Un test psychologique de stabilité émotionnelle peut être trouvé dans des tests comme le test d'intelligence émotionnelle (TIE) et le test d'intelligence émotionnelle Mayer-Salovey-Caruso. Ces tests déterminent avec succès si quelqu'un est émotionnellement stable ou non. Le premier met l'accent sur le fait que les individus ont besoin de percevoir une émotion pour la comprendre, et ce n'est qu'alors qu'ils peuvent la faciliter. La facilitation signifie répondre de manière appropriée aux réactions des autres, et cela implique parfois de changer de comportement pour que les autres se sentent à l'aise, bienvenus et entendus.

Tout repose principalement sur notre cognition sociale, c'est-à-dire notre capacité à lire les expressions faciales, à interpréter le ton et le langage et à traduire le langage corporel. Chaque jour, que nous le sachions ou non, nous utilisons la perception interpersonnelle pour survivre dans la société moderne.

De nombreuses recherches, dont l'une divulguée en 2012 et l'autre en 2014, confirment que les femmes sont meilleures en cognition sociale que les hommes. Les hommes sont limités dans leur capacité à comprendre et à reconnaître certaines émotions, tandis que les femmes ont un œil sur presque toutes les émotions. De plus, la plupart des signaux et des passions qui attirent la plupart des hommes indiquent des attitudes agressives avec des postures menaçantes. Outre la cognition sociale, le caractère d'une femme se caractérise principalement par l'empathie, de sorte qu'elle peut facilement établir des liens émotionnels et n'a pas peur de montrer sa vulnérabilité émotionnelle. Maintenant, la question de savoir si certaines capacités peuvent être expliquées par des déterminants culturels ou sociaux ou s'il s'agit simplement de manifestations hormonales mérite d'être approfondie.

Comment les Femmes dirigent leurs émotions et leurs Relations

La capacité remarquable des femmes à gérer leurs relations est quelque chose qui étonne les chercheurs et les gens ordinaires. L'une des principales raisons à cela est que les femmes ont amélioré la cognition sociale et la perception raffinée. Comme cela a déjà été mentionné, les femmes possèdent de meilleures compétences verbales, ce qui leur permet de communiquer plus facilement et plus ouvertement leurs pensées et leurs sentiments que les hommes. Elles sont doué à communiquer avec les autres, ce qui leur permet de mieux comprendre les pensées et les sentiments de ceux qui les entourent. Ceci s'avère qu'une communication efficace et une gestion émotionnelle appropriée sont des éléments cruciaux d'une relation interpersonnelle réussie.

10

Importance et Aujourd'hui

CONTRAIREMENT AU PATRIARCAT, LE féminisme n'a été ni un état de vie perpétuel ni une école de pensée. Il s'est fait connaître pour la première fois au 19e siècle, bien qu'il y ait toujours eu des penseuses féministes comme Christine de Pisan, Jane Austen, Mary Wollstonecraft, etc... Alors que beaucoup supposeraient qu'il fut un temps où le féminisme prospérait, je vois le féminisme par « indécis ». En d'autres termes, la lutte des femmes pour leurs droits s'est déroulée par à-coups mais n'est jamais restée une constante, contrairement à leur lutte qui n'a jamais cessé d'exister.

Les Trois Indécise du Féminisme

Un article, « The Second Feminist Wave », publié dans le New York Times en 1968, a cédé la place à la vague métaphorique pour définir chaque nouveau chapitre de l'histoire des femmes. C'est devenu un moyen de différencier les différentes époques du féminisme. La métaphore n'est pas tout ce que l'on pourrait espérer, car elle défie le véritable esprit de tout « mouvement » et le marque comme une recrudescence. Cela ne profite pas politiquement au mouvement et sape sa crédibilité pour que les gens le voient comme quelque chose qui prend momentanément du terrain puis s'éloigne dans l'ombre. Le blâme revient lorsque la première vague de féminisme (à ne pas confondre avec les féministes de la première indécise) s'est effondrée après avoir obtenu ce qu'elle voulait.

La première vague : l'ère des suffragettes

Tout a commencé lorsque les femmes se sont lassées du désavantage politique de leur héritage dissous. Les hommes considéraient comme leur prérogative de dicter tous les aspects de la société humaine, sans jamais consulter leurs homologues féminines pour obtenir leur avis. C'était une situation sombre pour les femmes, et le premier tollé contre cela a éclaté à Seneca Falls, New York, en juillet

1848. Lucretia Mott et Elizabeth Cady Stanton ont orchestré le tout pour discuter des droits civils, sociaux et religieux des femmes. Au total, 200 femmes étaient présentes alors qu'elles exposaient leurs revendications à la lumière de leurs griefs après de longues délibérations. La copie finale énumérait 12 résolutions accordant aux femmes des droits égaux dans divers départements, y compris le vote.

Sept approvisionnements ont uni ces femmes, les premières vagues, et se sont mobilisées pour leurs droits. Plusieurs d'entre elles ont organisé des conférences pour gagner le soutien du public et engraisser leurs rangs, ont assisté à des manifestations et ont été victimes de violences et de moqueries. Il y avait des femmes qui, croyant que la bienséance était un attribut indispensable de la femme, tournaient le dos à celles qui passaient la journée à tirer dans les rues et la nuit derrière les barreaux. Ce n'est pas un hasard si les mouvements de femmes pour l'égalité des droits se mêlent à la révolution abolitionniste puisque Lucretia et Elizabeth, les premières suffragettes, étaient également des abolitionnistes actives. Il n'y a pas eu de pénurie de femmes de couleur dans les années qui ont suivi, comme Sojourner Truth et Maria Stewart, qui ont fait face à des défis plus larges que leurs homologues blanches.

Les femmes de couleur ont apporté une contribution significative à la première vague de féminisme, bien que le mouvement soit principalement centré sur les blancs. Il était déplaisant pour les femmes blanches d'accorder aux hommes noirs le droit de vote parce qu'elles les considéraient en dessous d'elles-mêmes. Par conséquent, les premières vagues blanches ont principalement utilisé le mouvement du pouvoir noir et leur mouvement pour alimenter un mouvement blanchi à la chaux. Les femmes de couleur étaient tellement marginalisées dans la société qu'elles devaient marcher derrière leurs homologues caucasiennes lors de rassemblements et de manifestations. Au cours de la première vague de soulèvement, les revendications se sont radicalisées selon les goûts de la société à mesure qu'elle prenait de l'ampleur. Une campagne pour l'égalité des chances qui a commencé par plaider pour l'égalité en matière d'éducation, d'emploi, de propriété et d'héritage s'est rapidement transformée en une campagne pour garantir l'autonomie de l'organisme en matière de droit à l'avortement. Ce n'est qu'en 1920 que le Congrès, à la suite du 19e amendement, a finalement accordé à toutes les femmes le droit de vote, même si le parcours restait difficile pour les femmes noires. Les premières vagues ont continué à travailler pour atteindre les objectifs de la résolution. Plus précisément, ils ont œuvré pour que les femmes exercent leur droit de vote. Cependant, la vague avait déjà traversé sa déferlante.

La deuxième vague : un tollé contre le Sexisme Systémique

Au contraire, la deuxième vague a été qualifiée de radicale dès le début, contrairement à la première vague. Les féministes de la deuxième vague ont critiqué les conventions sociales, l'idéologie féministe et la bienséance féminine, mais leur principale préoccupation était de savoir comment dénoncer le patriarcat, et les féministes de la deuxième vague ont accusé leurs camarades de se conduire mal. Au début des années 1960, le mouvement est considérablement influencé par l'œuvre de Betty Friedan, The Feminine Mystique. Le livre a été distribué dans un cercle de femmes instruites de la classe moyenne et a réussi à provoquer une controverse discrète. L'expérience a amené les femmes à réévaluer leurs rôles au sein du ménage et la façon dont les femmes pouvaient s'efforcer d'être plus que de simples femmes au foyer et soignantes. La pensée initiale était relativement innocente puisqu'elles souhaitaient conserver l'autonomie sur leur corps, mais elle s'est rapidement étendue à quelque chose de plus complexe. Les femmes du divertissement ont commencé à être critiquées pour avoir adhéré au regard masculin dans la deuxième vague de mouvements féministes. Les critiques se sont principalement concentrées sur les hommes et sur la façon dont ils extériorisaient et dictaient les normes de beauté aux femmes, mais l'amertume ne pouvait être renfermée.

Il convient de noter que (The Feminine) Mystique n'était pas le premier du genre, bien que son influence ait contribué de manière significative à la deuxième tendance.

Une partie importante des racines du mouvement a été attribuée aux manifestations à Atlantic City en 1968 et 1969. Dans cette manifestation, la deuxième vague a protesté contre le concours de beauté Miss America en l'appelant un défilé de bétail. Les porte-drapeaux de ce mouvement ont soutenu que les hommes utilisent des dispositifs frivoles comme les bijoux, le maquillage et la mode pour opprimer les femmes. Il fut un temps où s'attacher à n'importe quelle expression de féminité revenait à nouer un nœud coulant autour du cou d'une femme. Ce mouvement était basé sur l'idée que les femmes sont plus qu'un simple équipement dans la cuisine. Ils doivent pouvoir exercer leurs facultés créatives et intellectuelles.

Il est impératif de se rappeler qu'en dépit de certaines opinions radicalisées, la deuxième vague a obtenu ce qu'elle recherchait, du moins en théorie. Plusieurs droits égaux leur ont été accordés, notamment l'égalité des salaires (Equal Pay Act 1963), la liberté reproductive (Roe v Wade, 1973) et le droit à l'éducation (Titre IX). À la fin de cette vague, les femmes pouvaient obtenir des cartes de crédit et des hypothèques à leur nom. En outre, l'agression conjugal est illégale et il existe plusieurs refuges pour les femmes victimes de violences domestiques ou de violences sexuelles. Il n'y avait pas beaucoup de défauts dans la deuxième vague ; il s'agissait principalement d'un tollé contre la discrimination systémique fondée sur le sexe. Comme cette vague s'est produite suivant deux guerres mondiales, beaucoup restait à faire et les femmes considéraient les espaces réservés aux femmes comme l'un des rares moyens de protéger leurs intérêts.

La troisième vague : Le Temps des Groupes de Filles

Il existe une controverse considérable quant au moment précis où la troisième vague de féminisme a commencé. Malheureusement, la plupart des autorités s'accordent à dire qu'il a été inspiré par le mouvement des « riot girl » qui est entré sur la scène musicale après l'affaire Anita Hall en 1991. Pour défaire au moins partiellement le patriarcat sexiste, les femmes ont transformé tout ce qui servait à les objectiver en armes à utiliser les unes contre les autres. Il était considéré comme inapproprié pour les femmes à cette époque de porter des talons, de porter un maquillage qui révélait un décolleté et de faire n'importe de laquelle des choses qu'elles faisaient. Ils ont établi leurs propres règles et la « liberté » est devenue synonyme d'autonomisation et de force. Le message était clair : Les femmes peuvent être des femmes sans peur ni honte. Elles se sont moqués de termes comme salope et salope, qui sont utilisés pour dégrader les femmes et les faire se sentir inférieures.

L'affaire Anita Hall a démêlé de nombreux autres cas de harcèlement au travail, créant une avalanche destinée à secouer le sexisme institutionnalisé. Suite à l'affaire, en 1992, 24 femmes ont remporté des sièges à la Chambre des représentants. Cette année-là a été surnommée l'Année des femmes. La troisième vague a été caractérisée par des femmes recherchant des postes plus puissants et s'exprimant contre le harcèlement au travail. Il a rapidement séparé le sexe et le genre, marquant ce dernier comme quelque chose de dicté par la société. Le genre était principalement décrit comme performatif ; ensuite, il y avait la question de l'hétéro-normativité et de la sexualité. Le féminisme de la troisième vague a trouvé sa place sur Internet et s'appelait le féminisme féminin. L'ambiguïté de l'anonymat permettait aux gens de franchir les frontières entre les sexes et de faire des choses sans se soucier de la société. Cette vague était mondiale, multiculturelle et diversifiée.

La Quatrième et la Vague Actuelle

De nombreux universitaires pensent que la troisième vague de féminisme n'a jamais reculé et est toujours active, mais je suis convaincue que les discussions concernant une quatrième vague sont valables. Divers éléments des vagues précédentes, principalement la deuxième et la troisième, sont intégrés à la quatrième vague. Avec l'avènement de la mondialisation, des femmes de races, de cultures et de croyances religieuses différentes ont pu s'exprimer sur les plateformes de médias sociaux. Le harcèlement racial, le harcèlement au travail, la violence et les abus sexuels sont extrêmement répandus dans le monde. Malgré la stigmatisation associée aux femmes, elles ont quand même réussi à obtenir des postes dans tous les secteurs, comme la sphère politique et les médias. Ceci malgré des types de corps et des rôles de genre irréalistes. C'est comme si une sorte de fraternité se formait qui voulait dénoncer le slut-shaming, la Trans phobie et l'abandon sexuel.

La campagne #MeToo a déclenché un mouvement dans lequel les femmes expriment les problèmes auxquels elles sont confrontées et, choquant, les hommes sont tenus responsables des injustices qu'elles subissent. En fait, les récits entourant le féminisme sont encore disparates puisque certaines personnes pensent encore que le féminisme est un mouvement radical.

De plus, Archer An San de Corée du Sud, membre de la délégation de son pays aux Jeux olympiques de 2021, a été attaquée par des antiféministes dans son pays d'origine, la Corée du Sud. Il a été mentionné que sa coiffure à la garçonne avait été critiquée et qu'elle devrait être retirée de son équipe. Une escalade significative des événements s'est produite et la jeune archère a commencé à recevoir des menaces de mort pour ne pas être féminine et soupçonnée d'être féministe. Cependant, malgré ses adversaires, An San a bien réussi aux Jeux olympiques, remportant deux médailles.

La Lutte Continue...

Nous sommes au 21ème siècle, mais le combat des femmes pour leurs droits continue. Aujourd'hui, les femmes ont peur de s'identifier comme « féministes » de peur d'être ciblées en raison de leurs croyances (Exemple : Archer An San). Le féminisme est devenu une croyance alors que les femmes luttent pour survivre dans une société dominée par les hommes qui cherche à les ridiculiser à chaque tournant.

11

Bénédictions

L'HUMANITÉ BÉNÉFICIE DES BÉNÉDICTIONS de Dieu inconditionnellement et sans discrimination fondée sur le sexe. Cependant, il rappelle à plusieurs reprises aux femmes sa faveur dans la Bible à plus d'une occasion, tout comme il le fait pour les hommes. Presque tous les hommes se décrivent comme les bien-aimés de Dieu. Ce genre de bénédiction a également été accordé aux femmes par Dieu. La nature de la faveur de Dieu pour les femmes est pure, digne et dotée de dignité et de courage. Il est au-delà de la compréhension humaine de comprendre les profondeurs de la connaissance que Dieu a de Sa création, nous devons donc tenir compte de Ses paroles lorsqu'Il nous enseigne :

« *Elle est plus précieuse que des bijoux, et rien de ce que vous désirez ne peut se comparer à elle.* » – **Proverbes 3 :15**

Du proverbe ci-dessus, nous avons appris que Dieu considère les femmes comme beaucoup plus précieuses que certains des biens les plus précieux sur terre. Comment quelqu'un peut-il abuser de quelque chose d'aussi précieuse ? Vous devez prendre des précautions pour vous assurer qu'elle est protégée et traitée avec le plus grand soin et respect. Dieu utilise ce proverbe pour déterminer la valeur des individus de la manière la plus aimante possible. Par conséquent, Dieu les rend désirables pour tous, un facteur extrêmement puissant pour améliorer le statut de la femme dans notre société. Il y a, malheureusement, peu de références aux femmes dans les textes sacrés exprimant l'admiration et l'amour. La perception générale parmi les femmes est que Dieu ne les a pas du tout favorisées, mais c'est loin de la vérité. Voici quelques passages de la Bible qui illustrent comment Dieu a béni les membres féminins de l'espèce de manière distincte.

Bénédictions sur les Femmes telles que mentionnées dans la Bible

Il y a des raisons valables pour lesquelles les femmes n'avaient pas beaucoup de représentation à l'époque Biblique, bien qu'on ne puisse pas l'exclure comme inexistante. Il convient de noter que Dieu ne les a jamais décrits comme l'inférieur des deux sexes décrits dans le livre saint. Cependant, il leur a accordé une reconnaissance appropriée pour tout ce qu'ils font pour leurs familles et leurs communautés.

« Je vous loue, car je suis terriblement et merveilleusement fait. Merveilleuses sont vos œuvres, mon âme le sait très bien. »

– Psaume 139 :14

La Promesse de Dieu

Comme nous pouvons le voir dans ce passage, Dieu s'engage à soutenir les femmes dans tout ce qu'elles font. Dans le cadre de sa promesse d'être avec eux, il promet d'être là pour eux dans leurs moments difficiles et de les guider à travers tout cela. Les femmes qui vivent dans le patriarcat peuvent se sentir blasées et systématiquement abandonnées, mais elles ne doivent jamais oublier que Dieu est constamment à leurs côtés. Il me semble que ce verset est une déclaration de l'estime de Dieu pour le courage, la force et les luttes auxquelles sont confrontées les femmes.

Bénédiction dans la force et le travail acharné

« Mais par la grâce de Dieu, je suis ce que je suis, et sa grâce envers moi n'a pas été vaine. Au contraire, j'ai travaillé plus dur

qu'aucun d'eux, même si ce n'était pas moi, mais la grâce de Dieu qui est avec moi. »

– 1 Corinthiens 15 :10

Le message souligné dans ce verset peut sembler avoir des nuances plus neutres, mais le message du Seigneur est limpide : il aide ceux qui luttent diligemment et est présent à leur image. Dieu est présent à leur image lorsqu'une femme travaille dur - et la plupart des femmes travaillent plus dur que la plupart des hommes.

Béni avec Force et Courage

« Ne te l'ai-je pas commandé ? Sois fort et courageux. N'aie pas peur et ne sois pas consterné, car le Seigneur ton Dieu est avec toi partout où tu vas. » **– Josué 1 :9**

Depuis l'enfance, la plupart des femmes ont été conditionnées à penser qu'elles ont un statut inférieur dans la société. En science, la physicaliste est utilisée comme un moyen de saper les femmes. Cependant, Dieu a clairement souligné que les femmes ont une force et un courage remarquables. Même s'ils peuvent être intimidés ou amenés à se sentir inadéquats ou en danger par les autres, le commandement de Dieu pour eux est approprié, comme le suggère le sage du solstice d'été. Son message les appelle à faire preuve de courage et de force et à ne pas se laisser intimider par leurs oppresseurs car Dieu est leur protecteur et leur soutien. D'où vient-il que les femmes possèdent un privilège singulier qui ne peut être surpassé par aucun autre type de bénédiction ?

Béni avec gentillesse et sagesse

« *Elle ouvre la bouche avec sagesse, et l'enseignement de la bonté est sur sa langue.* » – **Proverbes 31 :26**

Une fois de plus, Dieu rejette les idéaux des hommes au profit des femmes. Tout au long de l'histoire, les hommes ont fait en sorte que les femmes se sentent stupides et indignes d'assumer des rôles vitaux. Dans le passé, les femmes contrôlaient leurs droits à l'éducation, à l'héritage et à d'autres choses, mais aujourd'hui, Dieu identifie les femmes comme sages et gentilles. De ce fait, les anciens idéaux patriarcaux de notre société qui dépeignent les femmes comme inférieures aux hommes, ne sont plus valables. Il y a peu de limites aux capacités des femmes en dehors du manque d'opportunités et de ressources. Même les femmes les mieux formées ne peuvent parfois pas contenir l'esprit fougueux d'une personne talentueuse.

Les Bénédictions de Dieu sur les Femmes Influentes

Nous avons déjà discuté dans un chapitre précédent de la manière dont les femmes puissantes des temps bibliques ont été bénies par Dieu et comment elles ont pu influencer leurs pairs. Il est possible de dire beaucoup de choses sur les femmes éminentes des temps modernes. Ceux-ci peuvent être en termes de réalisations ou de leurs contributions à la société. Pour chaque croyant, quelles que soient ses convictions religieuses, Dieu est le moteur de tout ce qu'il fait. De leur point de vue, ils sont bénis parce qu'ils possèdent leurs talents et ont accès à des opportunités qui leur permettent de transformer ces talents en réalité. En conséquence, il n'est pas déraisonnable de supposer qu'ils sont reconnaissants de l'intervention de Dieu dans leur vie.

D'après ce que je comprends à travers ma connaissance limitée de la religion et de la divinité, Dieu bénit les individus et les utilise comme ses vases. Ces récipients exécutent des tâches monumentales pour lui et deviennent des « bénédictions » pour les autres humains. Permettez-moi d'expliquer le défi avec l'aide de femmes influentes étant la bénédiction de Dieu pour la virilité :

Hattie McDaniel: Donner de l'espoir aux Femmes Noires

Au cours des années 1940, Hattie remporte l'Oscar pour son rôle dans Autant en emporte le vent, succès critique et populaire. En termes de reconnaissance internationale, elle a été la première actrice noire à être reconnue sans que les Noirs votent pour elle ; Son talent a attiré l'attention du monde entier et une renommée internationale, faisant d'elle une lueur d'espoir pour les futures générations d'acteurs et d'actrices noirs. Regina King a revendiqué sa victoire aux Oscars comme la bénédiction de Dieu après avoir remporté le prix du meilleur second rôle aux Oscars. Elle a également rendu hommage à Hattie McDaniel dans la même interview.

Mahalia Jackson : Une force avec laquelle il faut compter.

La reine du gospel, Mahalia Jackson, est connue pour avoir chanté des hymnes célèbres comme « Take My Hand, Precious Lord » et « Go Tell It on the Mountain », mais il y a plus dans son histoire qu'il n'y paraît. Elle était une amie proche de Martin Luther King et a inspiré son célèbre discours, « I Have a Dream. » Selon le conseiller Clarence Jones, elle n'arrêtait pas d'inciter Martin à parler de ses rêves aux gens. Les mots exacts qu'elle a prononcés étaient : « Parle-leur du rêve, Martin ! » La faveur de Dieu était sur notre société ce jour-là, permettant aux communautés noires de respirer plus librement malgré le racisme systématique. C'était un début, et Mahalia a été celle qui a poussé le premier domino pour créer un effet domino élaboré s'étalant sur des décennies.

Patsy Takemoto Mink: Le Soulèvement Politique

Traditionnellement, il a été difficile pour certaines personnes de s'adapter à leur environnement, en particulier celles exclues ou ne faisant pas partie du groupe blanc supérieur autoproclamé prédominant dans certaines régions du pays. Immédiatement avant le décès de Patsy, elle est devenue la première représentante d'Hawaï au Congrès. Patsy était une figure inspirante pour de nombreuses femmes venant d'horizons différents. Ce serait déjà un gros problème d'être membre du Congrès, mais elle a quand même été élue au Congrès malgré son manque d'expérience. Grâce à son accomplissement et à celui de plusieurs autres femmes, les femmes connaissent actuellement une nouvelle aube.

D'autres femmes influentes ont prouvé leur valeur pour être favorisées par Dieu pour une ou plusieurs raisons tout au long de leur vie. Elles ont ouvert la voie à d'autres femmes et ont amélioré la société grâce à leurs contributions monumentales. Un chapitre ne suffira pas à les créditer tous d'être ce qu'ils étaient ; les vases de Dieu. Malgré leur implication, nous pouvons faire beaucoup en tant que société si les hommes et les femmes décident de coopérer sans se nuire. Tout le monde peut accomplir plus s'il joue sur ses points forts sans juger les autres.

Un Partenariat entre Hommes et Femmes

« Néanmoins, dans le Seigneur, la femme n'est pas indépendante de l'homme, ni l'homme de la femme ; car, comme la femme a été créée à partir de l'homme, ainsi l'homme est maintenant né de la femme. Et toutes choses viennent de Dieu. » – 1 Corinthiens 11-12

D'un point de vue rationnel, il est raisonnable que les deux sexes vivent en harmonie sans se mépriser. Il déclare que les hommes et les femmes, selon ce verset, sont les deux moitiés du même tout et peuvent exister harmonieusement. Dans la division du travail, la force d'un individu doit être considérée sans égard au sexe. Il ne devrait y avoir aucune notion préconçue selon laquelle les femmes sont meilleures en cuisine et les hommes sont meilleurs en assemblage ; en réalité, les hommes et les femmes peuvent changer de poste si leurs talents l'exigent. Cependant, malgré la forte revendication d'égalité, l'équité dans la pratique et l'égalité dans l'existence semblent fournir la solution la plus complète pour apaiser la guerre séculaire entre les sexes.

12

L'aboutissement du Vol. 1

LES FEMMES JOUENT PLUSIEURS rôles dans la société. En plus d'être des filles, des parentes et sœurs, ils sont spirituellement liés à Jésus de diverses manières. Les femmes sont les éducatrices des ménages ; une femme éduquée peut apporter la paix, la prospérité, le changement et la stabilité à toute une famille. En revanche, le rôle des femmes a toujours été entaché de controverses d'un point de vue historique.

Le rôle traditionnel de l'épouse était de démoraliser les femmes dans le passé, en leur imposant des tâches subalternes et des tâches ménagères fastidieuses. Cela signifiait ne pas les laisser poursuivre leurs intérêts créatifs. Ce n'est un secret pour personne que certains hommes s'appuient fortement sur leurs croyances religieuses pour expliquer leur comportement envers les femmes. Pendant ce temps, d'autres n'ont été motivés que par un pur mépris. Au fil des siècles, le rôle des femmes a évolué au-delà de ce qui était établi dans l'Antiquité.

Les femmes ont des caractéristiques psychologiques différentes de celles des hommes. Les femmes ont tendance à être plus conscientes d'elles-mêmes que certains hommes, sont des causeuses plus habiles et ont une excellente compréhension des émotions des autres, ce qui en fait d'excellentes enseignantes, conseillères et mères. Plus tard dans la vie, les femmes ont tendance à devenir plus seules parce qu'elles ont consacré leur cœur et leur âme à la réalisation de tout ce qu'elles visaient. En termes de productivité, les femmes sont souvent considérées comme plus efficaces que la plupart des hommes. Pour cette raison, certaines femmes peuvent atteindre leurs objectifs plus rapidement. Les femmes qui possèdent ces caractéristiques sont d'excellents leaders.

Les différences de personnalité entre les sexes se manifestent à un très jeune âge, l'un des avantages de l'évolution humaine. Grâce à cela, les garçons et les filles peuvent immédiatement déterminer ce qu'on attend d'eux et ce qu'ils aimeraient faire. C'est généralement le cas que les filles qui ont atteint l'âge où elles se sentent capables de prendre leurs propres décisions, contrairement à leurs homologues masculins, ont plus de conviction sur ce qu'elles veulent réaliser dans la vie.

Il y a eu beaucoup de discussions sur la possibilité que les femmes puissent faire de meilleurs leaders que la plupart des hommes. De nombreuses femmes contribuent au changement social, donnant la parole à l'oppression silencieuse et résistant mieux que les hommes. En conséquence, ils sont les leaders du changement social. Souvent, ce sont les femmes qui font preuve de force ; c'est à travers d'autres femmes que celles qui sont confrontées à la violence, à l'exploitation domestique, au harcèlement au travail ou à d'autres injustices telles que celles causées par la dot, la prohibition, la superstition et les atrocités sociétales repoussent.

De nombreuses femmes se sont battues pour leurs droits, leur honneur et leurs croyances à travers l'histoire. Un exemple frappant est Jane Austen, qui s'est battue jusqu'au bout pour ses droits, son intégrité et ses principes. Au cours de sa vie, son influence émancipatrice sur les femmes était indéniable puisqu'elle a considérablement changé les perspectives des femmes ; il serait donc difficile de la dénier le titre de femme émancipatrice. Ses contributions littéraires à l'étude de l'identité féminine ont généré une nouvelle perspective sur ce que signifie être une femme. Il convient également de noter que le nom d'Anne Frank est également lié au nom d'une femme qui a eu un impact remarquable sur le monde, une femme qui a écrit un livre qui a accompli l'impossible : Offrir un lieu où les femmes pourraient être elles-mêmes sans être liée aux attentes de la société. Maya Angelou, poète, compositrice et mémorialiste, est devenue une voix éminente pour les droits et la justice afro-américaines tout au long de sa vie, dénonçant la discrimination à l'égard des hommes et des femmes.

Par conséquent, il n'est pas surprenant, en d'autres termes, que les femmes aient continuellement contribué à divers domaines, quelle que soit leur spécialité, que ce soit la science, la médecine, l'art ou même certains des domaines traditionnellement dominés par les hommes, comme l'ingénierie. Il est devenu de plus en plus clair que leur importance et leurs contributions ont augmenté avec le temps. En fait, si nous ne vivions pas au 21e siècle, le monde n'existerait peut-être pas aujourd'hui. L'un des nombreux aspects qui le rendent unique est l'implication des femmes qui ont contribué à le développer et à le façonner et continueront de le faire. Le rôle des femmes s'est considérablement accru au XXIe siècle. Cela comprend les gardiennes d'enfants et les chefs de ménage, les éducatrices, les concurrentes hautement compétitifs dans de multiples domaines d'activité et les bénévoles mondiaux. De plus, les femmes peuvent être considérées comme porteuses de paix et de prospérité, sans parler de celles qui promeuvent l'éducation et le bien-être.

Les femmes ont prouvé au fil des années qu'elles n'ont pas à être limitées par leurs caractéristiques physiques et ont dépassé les attentes. Les femmes d'aujourd'hui ont beaucoup plus à offrir à la société que ce que l'on considère traditionnellement comme leur capacité maximale en tant que membres à part entière de notre environnement. La vérité est généralement acceptée.

Bibliography

James, M. (2015, November 23). *Why Microsoft Excel Is Important For Business Organizations*. Retrieved from Grey Campus: https://www.greycampus.com/blog/workplace-tools/why-microsoft-excel-is-important-for-business-organizations

Last Name, F. M. (Year). Article Title. *Journal Title*, Pages From - To.

Last Name, F. M. (Year). *Book Title*. City Name: Publisher Name.

Wiley, J. (n.d.). *Microsoft Official Academic Course*. Retrieved from Dublin Institute of Technology: https://www.dit.ie/media/ittraining/msoffice/MOAC_Word_2016_Core.pdf

[1] Understanding Female Psychology | B e t t e r h e l p . https://www.betterhelp.com/advice/psychologists/understanding-female-psychology/

[2] Importance of WOMEN - World of Realities

.

https://abloggersplace.com/importance-of-women/

[3] The Place of Women in Our Society or The ... - World Pulse. https://www.worldpulse.com/community/users/pearl-bamfo/posts/18928

[1]

https://www.vox.com/2018/3/20/16955588/feminism-waves-explained-first-second-third-fourth

[5]

https://www.vox.com/2018/3/20/16955588/feminism-waves-explained-first-second-third-fourth s://www.marca.com/en/olympic-games/2021/07/30/6104495e46163fca838b4595.html

[6] Entertainment Weekly (2019), Regina King on following in Hattie McDaniel's footsteps: 'I'm blessed', Retrieved from